통합세대용 복음 하브루타 2

+교사 가이드

꿈지락

"하브루타는
성경 본문을 두고 공동체 안에서
다양한 형태의 짝을 이루어
질문, 대화, 토론, 논쟁하는 실천적 배움으로
[하나님의 교육 원안]이다"

하나님은 계명을 주시고 배우고 익히는 방법 또한 주셨다(신명기 6장). 마음과 뜻과 힘을 다해 하나님을 사랑하는 사람이 되도록 부모에게 자녀와 함께 강론하라 허셨다. 하브루타는 "짝" 또는 "우정"이란 뜻으로 신6:7의 강론(講 익힐 강. 論 말할 논)의 실천이다. 말씀이 마음과 몸에 새겨지고 익혀지도록 서로 생각과 경험을 나누며 배우는 '하나님의 교육 원안'이다.

CONTENTS

이 책으로 공부하기 전에....

1. 성경을 공부하는 목표는 말씀을 이해하고 깨닫기 위함이 아닙니다. 그 또한 과정에 불과합니다. 성경 하브루타의 목표는 마음을 다해 뜻을 다해 힘을 다해 하나님을 사랑하는 것입니다. 그러기에 한 구절 한 구절 제대로 아는 것이 중요합니다.

2. 지식을 습득하고 훈련하면 변화될 수 있다고 생각하는 것은 그리스 철학에서 온 사상입니다. 이는 성경에서 말하는 교육이 아니며 성경은 지식을 위한 책이 아닙니다. 새로운 지식을 얻는다고 사람의 본성은 변하지 않습니다. 성경에서 말하는 교육은 하나님의 말씀 앞에 서게 함으로 살아계신 말씀으로 인한 변화를 얻는 것입니다. 나도 모르게 그리스 철학처럼 지식, 교훈, 깨달음을 추구하는 '가르침 중독'에 빠지지 않도록 주의해야 합니다.

3. 성경은 성령님이 우리의 눈을 열어 주셔야(계시) 비로소 깨달을 수 있습니다. 가르치는 사람도 배우는 사람도 겸손히 기도하며 성령을 의지해야 합니다. 성령을 만나면 말씀을 알아가는 일이 즐거운 특징이 있습니다(소요리문답1). 하나님은 진심으로 말씀을 배우고자 하는 사람에게 성령으로 계시하십니다.

4. 화분을 땅에서 떨어지게 하기 위해서는 최소한 세 개의 다리가 필요합니다. 신앙도 마찬가지로 환경, 성령 체험, 성경 지식의 다리가 튼튼해야 합니다.

   환경이 기독교 가정이라면 교회 나오는 일에 어려움이 없습니다. 그러나 체험도 없고 신앙 지식도 없다면 스스로 서 있기 힘듭니다. 어려서는 부모가 붙들어 주어 신앙생활을 잘하더라도 청소년, 청년이 되어 부모의 간섭을 벗어날 때가 되면 부실한 다리로 인해 겨우 명맥만 크리스천인 사람이 되거나 세상의 유혹을 이기지 못해 신앙을 떠나기 쉽습니다.

성경 공부는 신앙 지식의 다리를 세우고 기도는 체험의 다리를 세우는데, 큰 도움이 됩니다. 그렇게 되면 가정과 주변 친구 등 환경의 다리도 더욱 견고하게 됩니다. 복음 하브루타를 통해 건강한 신앙으로 세워지길 기도합니다.

이 공과로 공부하는 방법

각과 마다 3회로 구성되어 있습니다. 진도 보다 내용을 명확히 이해하는 것이 중요합니다. 진도에 구애받지 않고 충분히 이해하도록 진행하길 권합니다. 명확히 이해하지 않고 다음 단계로 넘어가면 다음과의 주제와 연계하여 이해하기 힘들고 구원과 하나님 나라에 대한 전체적 그림을 그리기 어렵습니다.

복음을 모른 채 성경을 직접 읽고 묵상한다면 제대로 성경을 이해하지 못하고 파편적으로 이해할 확률이 높습니다. 올바로 이해한 개념들이 쌓일수록 성경 보는 눈이 생기고 신앙 성장에 가속도가 붙게 됩니다. 특히 성경의 중요 단어에 대한 성경적 개념을 올바로 이해하도록 노력해야 합니다.

1회차 - 하브루타 강단 1과 하브루타 활동
2회자 - 하브루타 강단 2과 하브루타 활동
3회차 - 요약하고 기도하기

각 회당 시간은 50분을 넘지 않도록 합니다. 집중력이 떨어지면 효율이 떨어져 충분한 이해 없이 다음 과로 넘어갈 수 있습니다.

오리엔테이션

I.자기소개

  자신의 장점과 더불어 친구들에게 자기를 소개하세요.

---

* 이 책으로 공부할 때 함께 지키는 **하브루타 규칙**
* 매번 성경 공부 전에 반드시 함께 소리 내어 읽고 시작합니다.

1. _______________________________________

2. _______________________________________

3. _______________________________________

4. _______________________________________

5. _______________________________________

규칙을 정하는 방법

1단계; 각자 2~3가지 규칙을 제안한다.

2단계; 자신이 제안한 규칙이 필요한 이유를 아래와 같이 설명한다.

 - 규칙을 지켰을 때 나에게 미치는 영향, 친구에게 미치는 영향은?

 - 규칙이 지켜지지 않을 때 나에게 미치는 영향, 친구에게 미치는 영향은?

3단계; 자기 제안을 제외한 친구의 규칙 중에서 꼭 필요하다고
          생각하는 규칙 2가지에 별표 한다.

4단계; 별표를 가장 많이 받은 규칙 3~5개 선택한다.

오리엔테이션

첫 만남은 오리엔테이션입니다. ① 서로 잘 아는 사이라도 각자 자신을 소개합니다. 장점과 더불어 소개하거나 ② 또는 성경 공부에 참여하게 된 이유와 더불어 자신을 소개합니다. 자기 입으로 발표했을 때와 그렇지 않을 때는 공부하는 자세에 차이가 있습니다.

③ 성경 말씀을 잘 알게 되면 자신에게 어떤 변화가 있을지 상상하고 발표합니다. 자신의 신앙 태도, 부모와 관계, 교회 또는 학교 친구 관계에 어떤 영향과 변화가 있을지 세분하여 생각하고 발표합니다.

대부분은 자발적이기보다 누군가(어른)의 권유나 반강제로 참여한 경우가 많습니다. 자신의 변화를 상상하고 발표할 때, 다른 사람의 이야기를 들을 때에 동기부여가 될 수 있습니다.

말로만 하면 자칫 지루해질 수 있으니 상상한 내용을 그림으로 표현하거나, 교사가 여러 장의 사진을 미리 준비하고 자기 생각을 보여 주는 사진과 함께 발표하는 등 시각화하는 매개체가 있으면 도움이 됩니다.

④ 마지막으로 다 같이 즐겁고 유익한 시간을 되도록 규칙을 정하는 것은 매우 중요합니다. 주변의 권유 또는 교회에서 결정된 성경 공부인 경우는 말씀에 관한 관심과 기대가 적을 수밖에 없습니다. 성경을 공부의 진행마저도 자기 의사와 상관없이 일방적 결정 따라야 한다면 흥미를 갖기 쉽지 않을 뿐만 아니라 시간이 지나도 이해가 어렵고 재미를 느끼지 못하면 통제가 어려울 수 있습니다.

　사람은 자신이 선택하고 결정한 일에 더 책임감을 느낍니다. 성경 공부는 스스로 선택이 아니더라도 규칙을 스스로 만들면 일방적으로 따라야 한다는 인식에서 벗어나 참여도를 높일 수 있습니다. 규칙 정하기를 통해 교사의 일방적 결정보다 서로 의견을 내고 합의하여 규칙을 만들면 좋은 분위기와 참여를 높일 수 있습니다.

　교사도 참여자의 한 사람으로 규칙을 제안하고 동참합니다. 수직적 권위가 아닌 소통하고 함께하는 교사의 이미지를 줄 수 있습니다. 또 성경 공부와 관련 없는 규칙이나 학생이 미처 생각하지 못한 규칙이나 꼭 필요한 규칙을 교사가 제안함으로 자연스럽게 중심을 잡을 수 있습니다.

하브루타 규칙 정하기

1단계: 각자 2~3가지 규칙을 제안한다.
공부에 도움이 안 되는 규칙을 제안해도 교사가 억지로 수정하지 말아야 합니다. 필요한 규칙을 채택하는 과정에서 가려지게 됩니다.

제안은 말로만 하지 말고 칠판, 포스터 용지, 포스트잇 등으로 시각화하는 것이 좋습니다. 포스트잇을 사용하는 경우 학생들은 글씨를 작게 쓰는 경향이 있습니다. 크게 쓰라고 권유해도 펜으로는 작게 쓸 수밖에 없습니다. 미리 굵은 펜을 준비하는 것이 효과적입니다.

한 가지라도 규칙이 제안되면 포스트잇에 적어 모두가 볼 수 있도록 붙이거나 포스터 용지 등에 기록합니다. 아직 규칙을 생각하지 못한 학생에게 힌트가 될 수 있습니다.

2단계: 자신이 제안한 규칙이 필요한 이유를 각자 설명합니다.

규칙을 제안해도 별생각 없이 제안한 것일 수 있습니다. 자기 규칙의 필요성을 느끼지 못한다면 지키지 않을 확률이 높습니다. 자기 규칙이 왜 필요한지 스스로 설명하게 하면 큰 도움 됩니다.

규칙을 설명할 때는 아래 가이드에 따라 설명합니다. 장난스러운 규칙을 제안했다 해도 이 단계에서 어느 정도 필터링됩니다. 규칙이 필요한 이유를 아래에 따라 설명합니다.

- 규칙을 지켰을 때 나에게 미치는 변화와 친구에게 미치는 영향은?
- 규칙이 지켜지지 않을 때 나에게 또 친구에게 미치는 영향은?

규칙을 설명할 때는 마이크 역할을 할 수 있는 가짜 마이크 소품을 준비합니다. 발표자는 반드시 마이크를 들고 발표합니다. 발표자를 진진하게 만들고 듣는 사람은 집중하게 만드는 효과가 있습니다.

3단계: 자기 제안을 제외한 친구가 제안한 규칙 중에서 꼭 필요하다고 생각하는 규칙 2가지에 별 표시를 합니다.

위 '2단계'에서 필터링되지 않은 제안은 이 단계에서 해결됩니다. 또 자기 제안을 제외한 규칙에 별 표시를 하면 공정성을 갖게 합니다.

4단계: 별표를 가장 많이 받은 규칙 3~5개 선택합니다.

이렇게 규칙을 정했다 해도 잘 지키지 않습니다. 며칠 지나면 까마득히 잊기 때문입니다. 규칙 팻말을 만들고 공부를 시작할 때마다 함께 소리 내어 읽고 시작해야 합니다. 규칙 팻말은 공부 중에도 책상 가운데 비치하는 것이 효과적입니다.

규칙을 읽은 후에 간단한 구호를 외치는 것이 좋습니다. 구호를 외친 것과 그렇지 않은 것은 참여도에 큰 차이가 있습니다.

주님과 함께하는 거룩한 항해가 시작되었습니다.

1과

하나님이 만든 세상

진도 보다 내용을 이해할 수 있도록 충분히 이야기 나누세요.

창세기 1장 27-28절

[개역 개정]

27 하나님이 자기 형상 곧 하나님의 형상대로 사람을 창조하시되
남자와 여자를 창조하시고
28 하나님이 그들에게 복을 주시며 하나님이 그들에게 이르시되
생육하고 번성하여 땅에 충만하라, 땅을 정복하라,
바다의 물고기와 하늘의 새와 땅에 움직이는
모든 생물을 다스리라 하시니라

[현대어 성경]

27 그러고 나서 하나님께서는 당신의 모습을 따라
당신을 닮은 사람을 창조하시되 남자와 여자로 만드시고
28 그들에게 이렇게 복을 내리셨다.
'딸아들 많이 낳아 그 후손들이 온 땅 위에 퍼져라. 땅을 정복하여라.
내가 바다에 사는 물고기와 하늘에 날아다니는 새와
땅 위에 기어다니는 온갖 짐승들을 다스릴 권한을 너희에게 주마.
너희는 그것들을 잘 다스리고 관리하여라'

🌀 성서 배경

'창세기'는 모세를 통해 히브리인에게 주신 하나님의 말씀이다. 그들은 열 번의 이집트 재앙에도 전혀 피해 보지 않았고 추격해 온 이집트 군대가 갈라진 홍해에 전멸하는 것을 보았다. 창세기가 선포된 날도 그들은 만나를 먹었고, 구름 기둥과 불기둥으로 보호받았다.

그들은 많은 질문이 생겼을 것이다. 이 놀라운 하나님은 어떤 분인지? 왜 구원하는지? 자신들은 왜 아프리카에서 노예로 살았는지? 그동안 왜 하나님과 함께 하지 못했는지? 왜 가나안으로 가야 하는지? 등등. 수많은 의문에 대한 답이 바로 창세기이다.

1. 암송 말씀

① 성경 구절에서 뜻을 명확히 설명할 수 없는 단어를 찾고
② 한자어는 글자마다 그 뜻을 확인한 후 자기만의 방법으로 의미를 설명합니다. 음은 같지만, 뜻이 다른 한자가 많습니다. 문맥에 맞는 한자인지 확인이 필요합니다. 먼저 자기가 생각하는 단어의 뜻을 발표한 후에 사전을 찾아야 합니다. 그렇지 않으면 알고 있지만, 설명만 못 했다고 생각하기 쉽습니다.

※ 예시]
*형상 : 形 - 모양 형; 모양, 몸, 형세
　　　　 像 - 형상 상; 본뜬 형상, 닮다
　　　 - 1. 사물의 생긴 모양이나 상태.
　　　　 2. 마음과 감각에 의하여 떠오르는 대상의 모습을 떠올리거나 표현함. 또는 그런 형태.

* 번성 : 蕃 - 우거질 번; 우거지다, 늘다
　　　　 盛 - 담을 성; 성대하다, 두텁다
　　　 - 세력을 확장하여 한창 성함
　 ＊ 성경적 의미 - 단순히 세력이 커지는 것이 아니라 말씀 안에 사는 사람이 많아지는 것을 말한다.

④ 말씀의 의미를 생각하며 천천히 읽습니다. [현대어 성경]은 내용을 이해하는데 참고 하고 암송은 [개역 개정]으로 합니다.

🌀 성서 배경

함께 읽은 후 성경 공부의 경험이 있는지, 교회에 나오게 된 배경 정도를 간단히 나누고 다음 단계로 넘어갑니다. 오리엔테이션에서 충분히 나눴다면 성경 공부에 임하는 각오 정도를 간단히 나누고 다음 단계로 넘어갑니다.

하브루타 강단 1

※ 단어의 정확한 뜻을 확인하며 천천히 읽으세요 ※

🗨 서로 사랑하는 나라

신에 대한 사람들의 1)견해는 다양하다. 신이 없다는 사람도 있지만 하늘과 땅에 다양한 신이 있다고 믿는 사람도 있다. 하지만 성경은 하늘과 땅은 물론 세상의 모든 것은 다 하나님이 창조한 2)피조물이라고 한다.

성경에서 인간은 하나님의 모양과 형상으로 창조되어 하나님과 교제하고 3)소통할 수 있는 존재라 말한다. 당시 이집트(애굽)에서는 오직 파라오(바로)만이 신의 형상을 가졌으며, 그만이 신과 소통한다고 믿었다. 하지만 성경은 모든 사람이 하나님의 모양과 형상으로 창조되었다고 말한다. 그 누구도 상상하지 못한 매우 파격적인 말이었다.

간혹 '하나님은 영이시며 고정된 외형이 없는데 왜 아담을 하나님의 모양과 형상으로 4)창조했다고 하는가?'라고 하는 사

---

1) 견해(見 볼 견, 解 풀 해) - 어떤 사물이나 현상에 대한 자기의 의견이나 생각
2) 피조물(被 입을 피, 造 지을 조, 物 물건 물)-조물주에 의하여 만들어진 모든 것
3) 소통(疏 트일 소, 通 통할 통)-1.막히지 아니하고 잘 통함. 2.뜻이 서로 통하여 오해가 없음

람을 본다. 그 답은 히브리어 'דמות데무트'에 있다. 모양이라는
뜻도 있지만 닮았다는 뜻도 있다. 현대어 성경은 물론 영어 성
경도 'likeness(닮았다)'로 번역한다.

인간이 하나님을 닮은 것 중에 가장 중요한 것은 무엇일
까? 그것은 '사랑할 수 있는 존재'이다. 간혹 왜 아담을 죄짓
는 불완전한 존재로 만들었냐고 묻지만, 그건 잘못된 질문이
다. 아담은 전원만 켜면 노래하는 로봇이 아니다. 프로그램되
었거나 강요 때문이라면 그것은 사랑이 아니다. 진정한 사랑
은 자기 스스로 5)선택해야 하기 때문이다.

선택의 6)자유가 있다는 것은 하나님을 외면할 수 있는
위험도 있다는 뜻이다. 그럼에도 아담을 당신의 모양대로 만
든 것은, 그만큼 사랑의 관계를 원했다는 7)방증이다. 이는 하
나님이 궁극적으로 원하는 것이 무엇인지 알게 한다.

모든 8)관계는 한쪽에서만 사랑하면 불행하게 되지만 서
로 사랑하면 천국을 누린다. 하나님이 만든 원래의 세상은 '서
로 사랑하는 나라'이다. 어려운 문제를 해결하고 원하는 바를
이루기 위해 하나님의 9)능력도 중요하지만, 신앙에서 무엇보
다 중요한 것은 '하나님과의 관계'이다. 예수님도 하나님과 이
웃을 내 몸같이 사랑하는 것이 가장 큰 계명이라 하셨다.

---

4) 창조(創 비롯할 창. 造 지을 조)-1. 전에 없던 것을 처음으로 만듦
5) 선택(選 가릴 선. 擇 가릴 택)-여럿 가운데서 필요한 것을 골라 뽑음
6) 자유(自 스스로 자. 由 말미암을 유)-외부적인 구속이나 무엇에 얽매이지 아니하고 자기 마음대
   로 할 수 있는 상태
7) 방증(傍 곁(옆) 방. 證 증거 증)-사실을 직접 증명할 수 있는 증거가 되지는 않지만. 주변의 상
   황을 밝힘으로써 간접적으로 증명에 도움을 줌. 또는 그 증거
8) 관계(關 빗장 관. 係 걸릴 계)-둘 이상의 사람. 사물. 현상 따위가 서로 관련을 맺거나 관련이
   있음. 또는 그런 관련
9) 능력(能 능할 능. 力 힘 력)-일을 감당해 낼 수 있는 힘.

행복의 또 하나의 절대 요소는 '10)사명'이다. 인간은 사랑 없이는 살 수 없지만 또 사랑만으로도 살 수 없다. 삶의 의미, 보람, 가치 등을 누리게 하는 사명이 있어야 한다. 하나님은 우리를 그저 사랑스러운 애완견처럼 창조하지 않으셨다.

히브리 단어'צלם,첼렘'은 하나님의 형상뿐 아니라 신상(우상-개역 개정)을 표현할 때도 사용된다(민33:52).
민33:52 [현대어성경] … 그들이 돌로 새겨 만든 신상(צלם)이나 쇳물을 부어 만든 신상(צלם)을 모조리 부숴 버려라.

'צלם,첼렘'에는 본래의 존재를 11)대리한다는 뜻도 있다. 이방 종교에서 신상은 그들의 신을 대리한다. 아담은 하나님을 대리하여 세상을 다스리는 사명과 함께 창조되었다.

12)철학은 고대 그리스어로 φιλοσοφία(philosophy)이며 행복을 위해 지혜에 대한 사랑하라는 소크라테스의 가르침에서 나온 말이다. 하지만 그의 가르침은 수많은 문제를 만들었다. 모두가 자기 행복을 추구하자 사회는 모래알처럼 되고 저항 한 번 못하고 나라를 통째로 로마에 바치게 했다.

로마가 그리스의 철학을 받아들인 것은 사단의 기막힌 한 수였다. '자기 행복 추구'는 로마를 통해 전 세계로 펴져 나가 오늘에 이르렀다. 13)지성이라는 가면을 쓰고 교묘히 이기적인 사회를 만들었고 하나님의 뜻을 등지게 했다.

성경은 자기 행복보다 하나님과 이웃의 행복을 위해 살라

---

10) 사명(使 하여금 사. 命 목숨 명)-1. 맡겨진 임무.　　2. 사신이나 사절이 받은 명령.
11) 대리(代 대신할 대. 理 다스릴 리)-남을 대신하여 일을 처리함. 또는 그런 사람.
12) 철학(哲 밝을 철. 學 배울 학)- 1. 경험에서 얻은 인생관. 세계관. 신조 등을 이르는 말
　　　　　　　　2. 인간과 세계에 대한 근본 원리와 삶의 본질 따위를 연구하는 학문
13) 지성(知 알지. 性 성품 성)-1. 지각된 것을 정리하고 통일하여 새로운 인식을 낳는 정신 작용

고 가르친다. '남을 위해서만 살면 나는?'이라고 질문하겠지만, 걱정할 필요가 없다. 하나님 나라는 주님의 14)충만이 나에게 스며들고 채워지는 세상이다. 모두가 사랑하기에 주는 사랑보다 받는 사랑이 풍성한 공동체이다. 아담은 그런 세상을 위해 다스리고 섬기는 사명을 부여받았다. 아담이 받은 사명은 축복이며 행복의 열쇠이다.

교사 가이드

◆**단어 뜻 확인하기** ① 먼저 뜻을 명확히 설명할 수 없는 단어를 찾아보고 각주에서 한자의 뜻과 뜻풀이(표준국어대사전)를 참고해 ② 자기만의 방식으로 의미를 설명합니다. ③ 성경적 개념을 알아야 하는 단어는 교사가 그 뜻을 설명합니다.

※ **뜻을 살펴볼 단어 예시**
* 인격적-人(사람 인), 格(격식 격; 바로잡다), 的(과녁 적; 기준)
    - 인격(사람의 격, 품위)에 바탕을 두는 것.
* 하나님과 인격적 교제 - 소리를 듣고 사물을 보는 등 감각적 교제와 다른 의미이다. 인격(사람으로서 격) 곧 지(지식)·정(감정)·의(의지)에 대한 존중이 있는 교제를 말한다.

◆**하브루타 강단 읽기** ⑤ 하브루타 강단은 교사의 판단에 따라 두세 번 나눠 읽기를 권합니다. 그런 경우는 각각 단락마다 질문으로 피드백합니다.

※ **피드백 질문의 예시]**
1) 인간이 하나님과 소통할 수 있는 이유는 무엇이라 하나요?
2) 행복을 위해 인간에게 필요한 두 가지는 무엇이라고 설명하나요?

---

14) 충만(充 찰 충, 滿 가득할 만)- 1. 한 껏 차서 가득함.

◆ 2~3개 질문을 선택하고 자기 의견을 발표하세요.

1. 처음 알게 된 내용이 있나요?
2. 알고 있었지만 새롭게 다가온 내용이 있나요?
3. 중요한 핵심은 무엇이라 생각하나요?
4. 설명이 더 필요한 내용이 있나요?

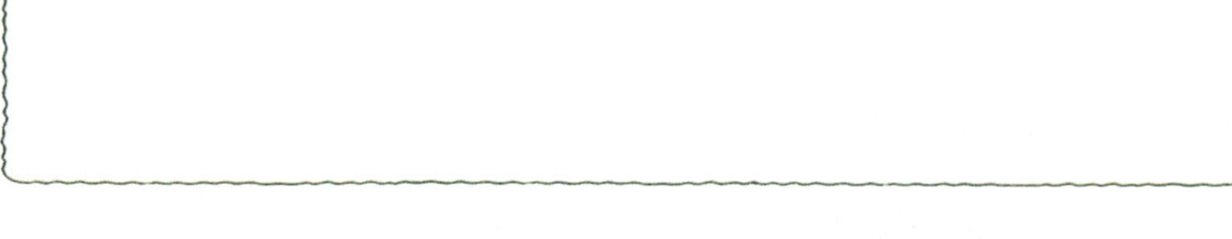

교사 가이드

① 각자 2~3가지 질문을 선택하고 그에 대한 자기 생각을 발표합니다. 발표 내용이 앞서 글을 읽으면서 나눈 피드백 내용과 겹쳐도 괜찮습니다. 또 학생이 앞 사람과 의견이 같다고 하면 교사는 구체적 질문으로 피드백합니다.

※ 예시 – 어떤 점에서 같은지 부연 설명해 줄래요?
　　　　– 그런 상황과 비슷한 경험이 있었나요?

※ 청소년 등을 위한 피드백하는 또 다른 방법
* 문해력 왕 뽑기

① 각자 질문을 하나씩 선택하고 모두에게 그 질문에 대한 의견을 듣고 ② 가장 마음에 든 의견을 선택합니다. 같은 질문을 선택한 사람은 각자 선택합니다.
③ 가장 많이 선택받은 사람이 '문해력 왕'이 됩니다.
④ 모두 [OOO님을 뵙니다!]로 인사하고 박수로 축하합니다.

* 강단 내용 중 이해가 부족한 부분은 교사가 다시 설명합니다. 다른 학생의 의견을 먼저 듣는 것도 좋은 방법입니다.

◆ 짝과 함께 하나님의 형상과 모양으로 아담을 만든 이유를 보여 주는 사진을 선택하고(복수 선택 가능) 설명하세요.

리액션 하기 의견을 들은 후에는 자기 생각과 비슷한 동작으로 리액션하고, 그 이유를 짧게 설명하세요. [복수 선택 가능]

핵심을 정확히 설명했을 때	핵심만 간단히 설명하길 바랄 때
내 의견과 비슷하다고 생각할 때	미처 생각하지 못한 것을 설명했을 때
설명이 나에게 도움이 되었을 때	설명을 듣다가 이해한 것이 생겼을 때
듣다 보니 질문이 생길 때	발표 태도가 이전보다 개선됐을 때

◆ **성경적 개념 정의하기** - 짝과 함께 문장을 완성하세요.

> 아담을 하나님의 형상과 모양으로 만든 이유는
>
> 이다.

◆**첫 번째 활동** ① 짝과 함께 형상과 모양의 의미에 대해 생각 나는 데로 이야기 해본 후 사진을 선택합니다. ② 적당한 시간에 교사가 예시를 말해줍니다. ③ 잠시 후 다시 짝을 바꿔 서로 자기 사진으로 설명한 후 전체 앞에서 각자 발표합니다.

※ 교사의 예시 -

1) 5번 사진- 일방적으로 한쪽에서만 사랑하는 것이 아니라 아담은 하나님과 서로 사랑하기 위해 창조되었다. 또 2번 사진처럼 모두가 한 가족이 되어 함께 하나님 안에서 살아가도록 섬겨야 하는 사명을 주셨다.

2) 아담의 사명은 9번 사진처럼 장차 태어날 다음 세대도 하나님 말씀 안에 살도록 믿음의 성장을 도와야 하는 것이다. 그 궁극적 목적은 1번 사진의 엄마와 아기처럼 하나님과 서로 사랑하는 삶을 위해서이다.

◆**두 번째 활동 - 성경적 개념 정의하기**

짝과 함께 의논하여 문장을 완성하고 발표하세요. 요약하려면 내용 전체를 알아야 하고 중요한 것과 그러지 않은 것을 구분해야 합니다. 요약은 핵심을 파악하는데, 중요한 훈련입니다. 요약은 다른 주제와 연계하여 전체적인 이해를 얻게 합니다. 또 핵심을 간결하게 전달할 수 있어 의사소통을 향상시킵니다. 내용을 분석하고 핵심을 추출하는 과정에서 비판적 사고를 발달하게 합니다.

※ 개념 요약의 예시

아담을 하나님의 형상과 모양으로 만든 이유는 삼위일체 하나님의 본성이 교제이기에 아담 하와가 말씀 안에서 하나님은 물론 서로를 사랑하며 살게 하기 위함이다.

* 본 교재의 예시는 저자의 요약일 뿐입니다.
* 교사도 자기 요약을 만들고 발표하길 권합니다.

※ 단어의 정확한 뜻을 확인하며 천천히 읽으세요 ※

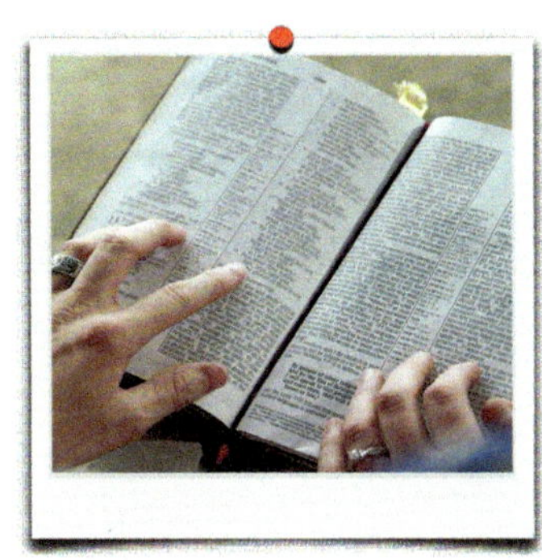

말씀을 따르는 나라

사람 사는 세상에는 모두 법이 있다. 그 법은 또 나라마다 다르다. 하나님 나라는 어떤가? 아담을 창조하시고 가장 먼저 하나님이 하신 일은 '복'을 주신 일이다(창2:28). 사람들은 '복'을 삶에 좋은 것, 재물, 행운 등으로 생각하지만, 성경에서는 의미가 다르다.

하나님은 아담에게 복을 주시고 15)번성하여 땅을 16)정복하고 다스리라고 하셨다. 이 말씀은 노아에게도 하셨고, 아브라함에게 더 17)구체적으로 설명하셨다.

창22:17-18(현대어성경) 내가 네게 복을 내리리라. ...(중략)... 네 후손들이 그 원수들을 쳐부수고 원수들의 성을 정복해 버리리라. 18 또

---

15) 번성(繁 많을 번, 盛 채울 성)-한창 성하게 일어나 퍼짐
16) 정복(征 칠 정, 服 옷 복)-1. 남의 나라나 이민족 따위를 정벌하여 복종시킴.
           2. 다루기 어렵거나 힘든 대상 따위를 뜻대로 다룰 수 있게 됨.
17) 구체적(具 갖출 구, 體 몸 체, 的 과녁 적)-1. 사물이 직접 경험하거나 지각할 수 있도록 일정한
           형태와 성질을 갖추고 있는 것.
           2. 실제적이고 세밀한 부분까지 담고 있는 것.

한 네 후손으로 말미암아 세상의 뭇 백성들이 복을 받으리라. 이는 네가 내 말을 잘 따랐기 때문이다.'

18)공화국은 국민에게 19)주권이 있고, 왕국은 왕에게 주권이 있다. '주권'은 한자로 '주인의 저울추'로 판단과 결정 권한을 말한다. 하나님의 나라는 왕국(kingdom)이다. 모든 일이 하나님의 말씀에 따라 20)판단하고 21)결정하는 나라이다.

창세기 22장은 "아브라함의 후손"으로 말미암아 뭇 백성이 복을 받는다고 한다. 바울은 아브라함의 후손은 단수로 예수 그리스도임을 밝힌다(갈 3:16). 이는 예수 그리스도를 통해 만민이 하나님의 복을 받는다는 뜻이다.

그럼, 아담이 번성하고 정복할 수 있도록 주신 복은 무엇일까? 예수님을 통해 사람들이 받은 복은 무엇일까? 답은 번성과 정복의 의미에 있다. '번성'은 단순히 수가 많아지는 것을 넘어 하나님의 주권을 인정하는 공동체를 이루는 것이다.

또 정복은 무엇일까? 에덴의 모든 것을 주셨는데, 아담에게 무엇을 정복하라 하신 것일까? 무엇을 정복해야 하는 것일까? 답은 아브라함에게 주신 22)언약에서 찾을 수 있다.

하나님은 아브라함의 후손이 원수의 성을 차지할 것이라고 한다. 정복의 한자는 '옷 복(征), 칠 정(服)'이다. 고대 사회

---

18) 공화국(共 함께 공. 和 화목 화. 國 나라 국)-공화정치를 하는 나라. 국민 주권이 있는 나라.
19) 주권(主 주인 주. 權 저울추 권)-1. 가장 주요한 권리. 2. 국가의 의사를 최종 결정하는 권력
20) 판단(判 판가름할 판. 斷 끊을 단)-사물을 인식하여 논리나 기준 등에 따라 판정을 내림.
21) 결정(決 터질(물 등이 흐르도록) 결. 定 정할 정)-행동이나 태도를 분명하게 정함
22) 언약(言 말씀 언. 約 묶을 약)-말로 약속함. 또는 그런 약속.

에서 옷은 23)신분이고 24)사상이었다. 히브리어 '카바쉬'는 '짓밟다', '꽁꽁 묶다'는 뜻으로 정복은 단순히 전투에서 이기는 것 아니라 신분과 사상까지 깨는 것을 말한다. 그럼, 에덴동산에서 '대적'은 누구일까? 바로 뱀, 즉 사탄이다. 정복은 사탄의 사상과 속임수를 짓밟는 것이다.

아담은 실패했지만, 예수님은 사단을 완벽히 정복했다. 아담은 말씀을 거역했지만, 예수님은 죽기까지 25)순종함으로써 사단을 이기셨다. 그리스도를 통해 복을 받은 것은 하나님과 언약 관계가 다시 회복되었다는 의미이다. 하나님은 말씀 공동체를 이루어 사단을 정복하고, 하나님과 더불어 모두가 서로 사랑하는 나라를 이룰 수 있도록 복을 주셨다.

교사 가이드

◆**단어 뜻 확인하기** ① 명확히 뜻을 모른 단어를 찾고 한자의 뜻과 뜻풀이(표준국어대사전)를 이용해 자기표현으로 단어의 의미를 설명합니다.

◆**하브루타 강단 읽기** ③ 내용을 생각하며 천천히 글을 읽은 후 교사는 질문으로 피드백합니다.

※ **피드백 질문의 예시**
  1) 주권이 무엇이라고 설명하나요?
  2) 복은 무엇을 의미한다고 설명하나요?
  3) 사단을 이기는 삶은 무엇을 따르는 삶인가요?
  4) 복을 주신 궁극적 이유는 무엇이라 설명하나요?

---

23) 신분(身 몸 신. 分 나눌 분)-개인의 사회적인 위치나 계급.
24) 사상(思 생각 사. 想 생각 상)-어떠한 사물에 대하여 가지고 있는 구체적인 사고나 생각.
25) 순종(順 순할 순. 從 따를 종)- 순순히 따름. [참고 복종(服 옷 복從 따를 종) 노비의 옷을 입고 따름. 남자 노비]-남의 명령이나 의사를 그대로 따라서 좇음/표준국어대사전]

 ## 하브루타 활동 1 – 내용 이해 피드백 하기

◆ 2~3개 질문을 선택하고 자기 의견을 발표하세요.

1. 처음 알게 된 내용이 있나요?
2. 알고 있었지만 새롭게 다가온 내용이 있나요?
3. 중요한 핵심은 무엇이라 생각하나요?
4. 설명이 더 필요한 내용이 있나요?

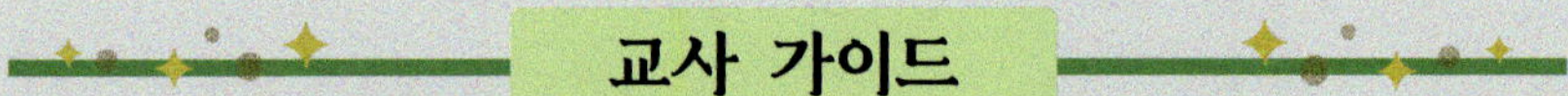

교사 가이드

① 각자 2~3가지 질문을 선택하고 그에 대한 자기 생각을 발표합니다. 내용이 앞서 나눈 피드백 내용과 겹쳐도 괜찮습니다. 또 앞 사람과 의견이 같다고 하면 교사는 부연 설명을 하게 합니다.

※ 피드백하는 또 다른 방법 – 퀴즈 왕 또는 지혜 왕 뽑기
① 각자 하브루타 강단에서 질문을 하나씩 만들어 모두의 대답을 듣습니다. ② 모든 질문과 그에 대한 대답을 들은 뒤 가장 좋은 질문을 선택합니다. 전체 대답 중 가장 좋은 대답을 뽑아도 좋습니다. 선택은 모두가 동시에 마음에 든 사람을 지목하여 가장 많이 지목된 사람으로 선정합니다.
③ 가장 많이 선택받은 사람이 '질문 왕' 또는 '지혜(대답) 왕'이 됩니다.
④ 모두 [OOO님을 뵙니다!]로 인사하고 박수로 축하합니다.

* 강단 내용 중 이해가 부족한 부분은 교사가 다시 설명해 줍니다. 다른 학생의 의견을 먼저 듣는 것도 좋은 방법입니다.

학생용 교재 18page

◆ 하나님이 주신 복으로 모든 일에 순종하는 아담과 하와의 하루 일상을 그림으로 표현하고, 2개 이상 감정 단어와 함께 설명하세요.

※ 그림은 설명하고자 하는 특징만 간략하게 표현하세요. ※

궁금하다, 걱정스럽다, 감격스럽다, 흥겹다, 속시원하다,
흐뭇하다, 놀라다, 불쾌하다, 허무하다, 답답하다,
신난다, 두렵다, 당황스럽다, 눈물겹다, 뿌듯하다, 즐겁다,
사랑스럽다, 만족하다, 불안하다, 고맙다, 미안하다

리액션 하기 의견을 들은 후에는 자기 생각과 비슷한 동작으로 리액션하고, 그 이유를 짧게 설명하세요. [복수 선택 가능]

핵심을 정확히 설명했을 때	핵심만 간단히 설명하길 바랄 때
내 의견과 비슷하다고 생각할 때	미처 생각하지 못한 것을 설명했을 때
설명이 나에게 도움이 되었을 때	설명을 듣다가 이해한 것이 생겼을 때
듣다 보니 질문이 생길 때	발표 태도가 이전보다 개선됐을 때

◆**첫 번째 활동** 에덴에서 아담의 일상을 상상해 보고 먼저 하나님과의 관계, 하와와의 관계에서 있을 수 있는 일을 그림으로 표현하고 발표합니다.

※ 그림의 예시

말씀을 해석하고 찾는 의미와 하나님의 의도를 실생활과 연결하는 것은 매우 중요합니다. 관념적일 때 거창해 보여도 막상 실생활은 간단하고 단순합니다. 일상과 영적 의미를 연결하는 것이 중요합니다.

그림 설명 : 하와가 무너진 것은 혼자 있었기 때문입니다. 단순히 물리적으로 혼자 있는 것이 아니라 뱀이 유혹할 때 아담에게 되묻고 소통하지 않은 것을 보면 정서적으로도 혼자였던 것 같습니다. 함께하는 습관이 중요합니다.

아담과 하와가 대화를 많이 하고 또 하나님이 동산을 거니실 때 하와를 잘 챙겨 하나님과 함께하는 것도 아담이 해야 할 섬김일 것입니다. 현대에는 믿음이 약한 사람이 주일 예배를 잘 드리도록 챙기는 일이 여기에 해당 할 것입니다.

또 뱀과 대화하는 하와를 보면 하나님 말씀을 정확히 모르고 있었는데 하나님이 주신 말씀을 하와와 함께 묵상하고 나누는 그것도 사단을 이기는데, 중요한 섬김일 것입니다.

* 본 교재의 예시는 저자의 의견일 뿐입니다.
* 교사도 자기 요약을 만들고 발표하길 권합니다.

세 번째 만남
요약하고 기도하기

🗨 하브루타 활동 1 – 말씀 다시 보기

◆ 짝(2~3명)과 함께 성경적 개념을 요약하고 발표하세요.

①복	②번성

> **창세기 1장 28절**
> 하나님께서 그들에게 ①복을 주시며 그
> 들에게 말씀하시기를
> "자식을 많이 낳고 ②번성해 땅에 가득
> 하고 땅을 ③정복하라. 바다의 물고기
> 와 공중의 새와 땅 위에 기는 모든 생물
> 을 ④다스리라" 하셨습니다.

③정복

④다스리라

교사 가이드

짝과 함께 생각나는 ①,②,③,④에 대해 생각 나는 모든 단어, 하브루타 강단 내용 등을 이야기 나눈 한 후 ② 발표는 요약하여 각자 합니다.

※ 예시
①복 - 하나님의 언약(말씀), 예수 그리스도
②번성 - 하나님과 함께하는 말씀 공동체(교회)
③정복 - 말씀으로 사단의 유혹을 이기는 것
④다스리라 - 모두가 하나님 말씀을 따르도록 하기 위한 모
　　　　　　 든 섬김

하브루타 활동 Ⅱ – 제1과 요약하기

◆ 짝(2~3명)과 함께 하나님이 아담을 만드신 이유와 아담이
   받은 사명이 포함되도록 아래 문장을 완성하세요.

하나님이 만든 세상은 _______________________________이다.

그 근거는 _______________________________________이다.

하나님은 아담에게 ______ 을 주시고, _______________

_______________________________ 하셨다. 또 하나님

나라가 나에게 주는 축복은 _____________________이다.

교사 가이드

① 먼저 각자 문장을 완성합니다. ② 1~2분 정도 후 학생이
응용하도록 교사가 자연스럽게 자기 요약을 읽어 줍니다. ③
학생이 어느 정도 완성하면 짝(2~3명)과 함께 다시 서로의 요
약을 참고하며 자기 요약을 완성하고 ④ 각자 발표합니다.

※ 교사의 예시

하나님이 만든 세상은 서로 사랑하는 세상이다. 그 근거
는 히브리 단어 데무트(모양)로 하나님을 닮아 아담을
사랑하는 존재로 만드신 것이다.

하나님은 아담에게 복을 주시고, 온 세상이 하나님 안에
함께 하도록 섬기라고(다스림) 사명을 주셨다.

하나님 나라가 나에게 주는 축복은 하나님의 사랑안에
안정되고 지속되는 삶이며 하나님뿐 아니라 가족 이웃
을 사랑하기 위해 노력하는 것이 신앙인으로서 나의 바
른 모습이다.

* 본 교재의 예시는 저자의 요약일 뿐입니다.

* 교사도 자기 요약을 만들고 발표하길 권합니다.

학생용 교재 20page

 **하브루타 활동 Ⅲ** – 작은 기도 부흥회

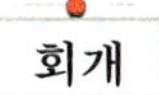 회개 ┃ 자신을 돌아보고 앞으로는 하지 말아야 할 일들을 나누세요.

1) 하나님에 대해 무관심했던 나의 모습은?

____

2) 하나님보다 다른 것을 더 우선했던 나의 모습은?

____

3) 기타 _______________________________________

교사 가이드

회개 없는 변화와 성장은 없습니다. 또 인간의 의지로는 몇 번은 가능해도 지속도 어렵고 하나님의 도움 없이는 변화도 어렵습니다. ① 제시된 질문에 대한 각자 생각을 나눕니다. ② 교사는 다양한 예시를 이야기해 주고 비슷한 사례나 주변 모습을 이야기합니다. ④ 나온 내용 중에서 비슷한 자기 모습을 발표합니다. 교사가 먼저 솔직한 자기 모습을 나누면 학생에게 용기를 주고 도움이 됩니다.

※ **예시**

1) 하나님에게 관심 없던 나의 모습은?
 * 예수를 전하는 사람을 싫어하고 은근히 무시했던 일
 * 기독교는 하나의 종교일 뿐이라 생각했던 내 모습
 * 내가 불행은 환경이 좋지 못했기 때문이라고 생각했던 일
   (가난한 가정, 잘못된 만남, 건강의 문제 등등)

2) 세상의 세계관으로 신앙 생활하던 나의 모습은?
 * 행복 하려면 돈을 많이 벌고, 사회적으로 좋은 위치에 있어
   야 한다고 생각했던 모습
 * 감사할 것이 많은데 불행만 보고 불평하던 모습

 내 힘으로는 할 수 없기에 하나님의 도움이 필요한 일을 나누세요.

1) 하나님과 사랑의 관계를 깊이 경험하게 하소서!

3) 기타 

교사 가이드

제시된 내용이 왜 중요한지 의견을 나눕니다. 제시된 내용과 반대가 되면 어떤 일이 일어날지 생각해 보는 것도 좋은 방법입니다.

※ 예시

1) 하나님과 사랑의 관계를 깊이 경험하게 하소서!

 * 하나님을 만나지 못하면 진정한 신앙을 얻지 못한다.

2) 2) 말씀이 내 삶의 견고한 기준이 되게 하소서!

 * 성령의 도움 없이 성경을 본다면 모래밭에서 바늘 찾기가 될 수 있고 옳고 그름을 분별할 수 없다.

나의 결단 각오나 다짐이 아닌 확인 가능한 실천을 나누세요.

교사 가이드

⑤각오와 다짐보다 말과 행동을 확인할 수 있어야 합니다.

 ※ 예시 – 성경 공부 전에 기도하겠다.

교사 가이드

❻ 기도할 때는 스마트폰 등을 활용해 찬양을(예; 유튜브) 배경 음악으로 크게 틀고, 작은 부흥회라는 마음으로 손을 맞잡고 간절히 소리 내어 기도합니다.

❼ 합심 기도 후 반드시 교사의 축복 기도로 마칩니다. 이때 학생 한 사람 한 사람 이름을 언급하며 기도합니다. 교사의 기도에서 자기 이름을 듣는 것은 신뢰 관계를 만듭니다.

❾ 모두 마친 후에는 하이 파이브, 포옹 등으로 마무리합니다. 이성 간의 포옹은 가족이 아닌 경우에는 조심합니다.

수고 많으셨습니다.
따듯한 차 한잔 여유를 즐겨보세요.

작은 이야기

아내가 임신한 다음 나의 관심사가 달라졌다. 평소 보이지 않던 아기용품점이 눈에 들어오기 시작했고, 퇴근길에 그곳에 들러 구경하는 것이 어느덧 즐거움이 되었다. 장난감 같은 앙증맞은 신발과 작은 배냇저고리를 보고 있으면 아기 생각에 가슴이 설레곤 했다.

"아들일까, 딸일까?" 아내를 닮은 예쁜 딸을 생각하며 분홍 신발을 집어 들었다.

"어이쿠! 아들인지 딸인지도 모르는데..." 성화에 못 이겨 이내 다시 발길을 돌렸다.

잠시 후 멋쩍은 미소와 함께 나는 어느덧 파란 신발을 들고 있었고, 잔소리 뒤에는 아내도 얼굴 가득 행복한 미소를 담았다. 그렇게 아기용품을 볼 때마다 아기를 기다리는 엄마, 아빠의 사랑 가득한 향기가 집안 곳곳에 가득가득 채워졌다.

죄의 본질

진도 보다 내용을 이해할 수 있도록 충분히 이야기 나누세요.

창세기 3장 4-6절

[개역 개정]

⁴ 뱀이 여자에게 이르되 너희가 결코 죽지 아니하리라
⁵ 너희가 그것을 먹는 날에는 너희 눈이 밝아져 하나님과 같이
되어 선악을 알 줄 하나님이 아심이니라
⁶ 여자가 그 나무를 본즉 먹음직도 하고 보암직도 하고
지혜롭게 할 만큼 탐스럽기도 한 나무인지라 여자가 그 열매를
따먹고 자기와 함께 있는 남편에게도 주매 그도 먹은지라

[현대어 성경]

⁴ 그러자 뱀이 여자에게 속삭였다. '걱정하지 말아. 그 열매를 따먹는다 해도
절대로 죽지 않아. ⁵ 오히려 그 열매를 따먹기만 하면 너희 눈이 밝아질 거야.
그렇게 되면 무엇이 좋고 무엇이 나쁜 일인 줄 분간할 수가 있게 되지. 다시
말하면 너희도 하나님처럼 될 수 있다는 말이지. 하나님도 이걸 아시고 그 나무
열매를 따먹어서는 안 된다고 하신 거야'
⁶ 여자가 그 나무를 쳐다보니 그렇게 근사하게 보일 수가 없었다. 또 그 열매도
어찌나 탐스럽게 열렸던지 먹음직스럽기까지 하였다. 그 열매를 따먹으면
금방이라도 영리해질 것같이 보였다. 그래서 여자는 손을 내밀어 그 열매를
따먹었다. 또 그 열매를 따서 자기와 한 몸이 된 남자에게도 주었다.

🌀 성서 배경

　　출애굽 당시 하나님의 능력을 경험한 이스라엘 백성들은
왜 그동안 하나님과 떨어져 이집트 노예로 살았는지 궁금했을
것이다. 그 답이 창세기 3장이다.

　　사람은 하나님과 사랑할 수 있는 존재로 창조되었지만, 하
나님을 만날 수 없을 뿐만 아니라 그 존재마저 의심하게 된 것
은 죄 때문이라고 말한다. 하지만 많은 사람은 하나님에게 지
은 죄를 명확히 이해하지 못한다.

　　죄를 알아야 그 답을 찾을 수 있다. 죄가 성립되기 위해
서는 관계와 약속, 두 전제가 필요하다. 무인도에서는 무슨 일
을 저질러도 죄가 될 수 없다. 상대가 없기 때문이다. 또 상대
가 있어도 약속이 없다면 죄가 될 수 없다. 사회에서 법은 투
표를 통해 만든 국민적 약속이다. 죄는 주권자인 국민에게 지
은 것이며 국민적 약속(법)을 저버린 행위이다.

1. 암송 말씀

①명확히 뜻을 모르는 단어의 의미를 확인한 후 ② 내용을 생각하며 성경 구절을 천천히 읽습니다. [현대어 성경]은 이해를 위해 참고하고 암송은 [개역 개정]으로 합니다.

신앙 배경

다 같이 읽은 후 교사는 피드백을 위해 질문합니다. 각자 읽으면서 눈에 들어온 부분을 각자 이야기하고 다음 단계로 갑니다.

* 피드백 질문의 예시]
 * 죄가 성립되려면 필요한 두 전제는 무엇인가요?
 * 하나님의 존재를 느끼고 만날 수 없는 이유는 무엇인가요?
 * 사회에서 죄는 무엇을 말하는 것인가요?

※ 단어의 정확한 뜻을 확인하고 천천히 읽으세요 ※

💬 내 맘대로 살고 싶은 욕심

선악과 사건은 금지된 과일 하나 먹은 일이 아니다. 선악과는 하나님과 아담이 맺은 언약의 26)상징으로 27)계약서와 같다. '아버지'라는 말속에는 나를 낳으시고, 보호하는 권위라는 의미가 있듯이 '하나님'이란 호칭에는 나를 창조하시고 보호하시며 내 인생을 28)주관하는 주인이라는 의미가 담겨있다. 선악과는 나의 하나님으로 고백하는 아담과 그 삶을 29)책임지고 사랑하는 하나님의 약속이 담긴 언약이었다.

아담은 그 언약 아래서 하나님과 사랑하며 행복을 누렸다. 그러나 그 행복을 스스로 깨버린 사건이 일어났다. 스스로 행복을 뿌리째 뽑아 버린 하나님과 언약을 저버린 30)배반

---

26) 상징(象 코키리 상. 徵 부를 징)-추상적인 개념이나 사물을 구체적인 사물로 나타냄
27) 계약서(契 맺을 계. 約 묶을 약. 書 쓸 서)- 계약이 성립을 증명하기 위하여 작성하는 서류
28) 주관(主 주인 주. 管 피리 관)-어떤 일을 책임지고 맡아 관리함. [대나무 피리는 어떻게 다루는가에 따라 소리가 달라지듯 관리자에 따라 달라지는 특성을 나타낸다]
29) 책임(責 꾸짖을 책. 任 맡을 임)-일의 결과에 대한 의무나 부담. 그 결과로 받는 제재(制裁).

학생용 교재 25page

의 사건이 일어난 것이다.

성경은 죄를 설명하면서 가장 먼저 사단을 상징하는 뱀을 언급한다(계12:9). 창세기 3장 1절에서 [31]교활로 번역한 히브리어 '아룸(עָרוּם)'은 영리하다는 의미지만 잠 12장 16절에서는 '슬기롭다'로 번역했다. 뱀이 영리하고 슬기롭다는 의미를 알기 위해서는 창세기 3장의 맥락을 살펴야 한다.

창세기 3장에서 뱀의 아룸(עָרוּם)은 하나님을 무시하고 자기 지식과 [32]소견대로 사는 것을 뜻한다. 죄의 뿌리는 하나님 없이 자기 마음대로 살고 싶은 [33]욕심과 [34]교만이다. 뱀이 하와에게 접근한 것은 하나님을 무시하고 자기 뜻대로 살게 하려는 것이었다. 내 인생이니 내 마음대로 살겠다는 욕심에 하나님을 밀쳐내고 스스로 주인이 되려 한 것이다.

1권에서도 말했지만, 자기 행복을 위해 지식과 지혜를 추구하는 삶은 하나님 나라의 삶의 [35]방식이 아니다. 그리스 철학을 거쳐 현대까지 이어진 세상 방식이고 사단의 속임수이다. 하나님 나라는 말씀에 따라 하나님과 이웃을 사랑하는 공동체이다.

선악과는 선과 악을 [36]구별하는 능력이 아니다. 아담과 하와는 뱀의 말처럼 선악을 [37]분별하기는커녕 오히려 그 반

---

30) 배반(背 등 배, 叛 돌아설 반)-믿음과 의리를 저버리고 돌아섬.
31) 교활(狡 간사할 교, 猾 어지럽힐 활)- 간사하고 꾀가 많음.
32) 소견(所 바(~것,~곳) 소, 見 볼 견)-어떤 일이나 사물을 살펴보고 가지게 되는 생각이나 의견.
33) 욕심(欲 하고자 할 욕, 心 마음 심)-분수에 넘치게 무엇을 탐내거나 누리고자 하는 마음.
34) 교만(驕 경시할 교, 慢 거만할 만)-잘난 체하며 뽐내고 건방짐.
35) 방식(方 모(방향) 방, 式 법 식)-일정한 방법이나 형식
36) 구별(區 지경(땅의 경계) 구, 別 나눌 별)-성질이나 종류에 따라 갈라놓음
37) 분별(分 나눌 분, 別 나눌 별)-1. 서로 다른 일이나 사물을 구별하여 가름

대가 되었다. 부끄러워하지 않던 것을 부끄러워하게 되고 내 뼈 중의 뼈요 살 중의 살이라 하며 사랑하던 사람은 핑계와 38)원망의 대상이 되었다.

선악과는 선악을 판단하는 능력이 아니라 39)권세와 자격을 상징한다. 아담이 선악을 판단하겠다는 것은 운전에 대한 지식과 능력이 없는 사람이 면허증을 가진 것과 같다. 능력 없는 사람이 가진 40)권한은 매우 위험하다. 사고는 시간문제이다. 어떤 일이 일어날지 너무나 자명하다.

아담의 범죄는 내 맘대로 살려는 욕심 때문이었다. 하나님과 관계의 중요성을 41)간과했다. 범죄 이전에 아담이 누렸던 모든 행복은 하나님과 교제에서 오는 힘과 능력 때문이었다. 하나님과 42)교제를 통해 스며든 하나님의 사랑이 하와를 사랑하게 했다. 하나님과의 관계가 멀어지면 위험하다. 그 느슨해진 틈으로 사단이 43)침투한다.

말은 단어나 문장보다도 담고 있는 44)의도가 중요하다. 아담과 하와는 하나님 말씀의 의도를 몰랐던 것 같다. 뱀이 말한 죽음과 하나님이 말씀하신 죽음은 달랐다. 성경이 말하는 죽음은 육체의 죽음만이 아니다. 하나님과 45)단절을 뜻한다. 죽음이 무서운 것은 그 결국이 말로 표현할 수 없는 고통

---

38) 원망(怨 고깝게 여길 원. 望 바랄 망)-못마땅하게 여기어 탓하거나 불평을 품고 미워함
39) 권세(權 저울추 권. 勢 기세 세)-권력과 세력을 아울러 이르는 말
40) 권한(權 저울추 권. 限 한계 계)-어떤 사람이나 기관의 권리나 권력이 미치는 범위.
41) 간과(看 볼 관. 過 니날 과)-큰 관심 없이 대강 보아 넘김.
42) 교제(交 사귈 교, 際 사이 제)-서로 사귀어 가까이 지냄.
43) 침투(浸 담글 침. 透 통할 투)-1. 액체 따위가 스며듬   2. 사상이나 현상이 스며들어 퍼짐
44) 의도(意 뜻 의, 圖 그림(꾀할) 도)-무엇을 하려는 생각이나 계획. 무엇을 하려고 꾀함.
45) 단절(斷 끊을 단. 切 끊을 절)- 1. 유대나 연관 관계를 끊음   2. 흐름이 연속되지 아니함.

이 따르는 영원한 46)형벌이 있기 때문이다.

아담이 말씀의 의미를 올바로 알았다면 뱀의 말에 속지 않았을 것이다. 하나님 말씀의 의도를 제대로 알았다면 하나님과 언약을 깨는 미련을 범하지 않았을 것이다.

◆단어 뜻 확인하기 ① 명확히 뜻을 모른 단어를 먼저 찾고 ② 각주에서 한자의 뜻과 뜻풀이(표준국어대사전)를 참고하여 자기 방법으로 설명합니다.
※ 성경적 뜻을 살펴볼 단어 예시
* 죽음 – 생리적 죽음은 육체와 영혼이 분리되는 것이지만 영적 죽음은 하나님과 분리되어 결국 심판받아 영원한 고통의 지옥에 갇히는 것이다.

◆하브루타 강단 읽기 ③내용을 생각하며 천천히 글을 읽은 후 교사는 질문으로 피드백합니다. (필요에 따라 두세 번으로 나눠 읽습니다.)
※ 피드백 질문의 예시
 * 하나님이란 호칭이 내포하고 있는 의미는 무엇인가요?
 * 아담이 죄를 지은 근본적인 욕심(이유)은 무엇인가요?
 * 선악과가 가지고 있는 의미는 무엇인가?
 * 아담이 누리고 있으면서도 그 중요성을 몰랐던 것은 무엇인가요?
 * 하나님이 말씀하신 죽음과 뱀이 말한 죽음에는 어떤 차이가 있나요?

---

46) 형벌(刑 형벌 형. 罰 죄 벌)–범죄에 대한 법률의 효과로서 범죄자에게 제재를 가함

 ## 하브루타 활동 Ⅰ – 내용 이해 피드백 하기

◆ 2~3개 질문을 선택하고 자기 의견을 발표하세요.

1. 처음 알게 된 내용이 있나요?
2. 알고 있었지만 새롭게 다가온 내용이 있나요?
3. 중요한 핵심은 무엇이라 생각하나요?
4. 설명이 더 필요한 내용이 있나요?

교사 가이드

① 각자 2~3가지 질문을 선택하고 그에 대한 자기 생각을 발표합니다. 발표 내용이 앞서 글을 읽고 난 후 피드백 내용과 겹쳐도 괜찮습니다. 또 앞 사람과 의견이 같다고 하면 교사는 부연 설명하게 합니다.

※ **피드백하는 또 다른 방법** – 교사가 상황에 따라 선택합니다.
* **문해력 왕 뽑기** – ① 각자 질문을 하나 선택하고 그에 대한 친구들의 대답 중에서 가장 마음에 든 의견을 선택합니다. ② 가장 많이 선택받은 사람이 '문해력 왕'이 됩니다. ③ 모두 [OOO님을 뵙니다!]로 인사하고 박수로 축하합니다.
* **리액션 왕 뽑기** – ① 질문에 대한 의견 발표 후 ② 친구들의 리액션을 받고 가장 맘에 든 것을 선택합니다. ③ 가장 많이 선택받은 사람이 리액션 왕입니다.

* 강단 내용 중 이해가 부족한 부분은 교사가 다시 설명해 줍니다. 다른 학생의 의견을 먼저 듣는 것도 좋은 방법입니다.

◆ 뱀의 교활을 보여 주는 사진 두 장을 선택하고, 그림의 특징을 활용하여 설명하세요. 짝(2~3명)과 함께하면 더 좋습니다.

리액션 하기 의견을 들은 후에는 자기 생각과 비슷한 동작으로 리액션하고, 그 이유를 짧게 설명하세요. [복수 선택 가능]

👍	핵심을 정확히 설명했을 때	🫰	핵심만 간단히 설명하길 바랄 때
👌ok	내 의견과 비슷하다고 생각할 때	헐~	미처 생각하지 못한 것을 설명했을 때
설명이 나에게 도움이 되었을 때		대박	설명을 듣다가 이해한 것이 생겼을 때
👆	듣다 보니 질문이 생길 때		발표 태도가 이전보다 개선됐을 때

◆ **성경적 개념 정의하기** – 짝과 함께 문장을 완성하세요.

성경에서 죄란	이며,
성경에서 죽음은	이다.

◆**첫 번째 활동** ① 짝과 함께 자기 의견을 잘 보여 준다고 생각하는 사진을 선택합니다. ② 적당한 시간에 교사가 예시를 말해줍니다. ③ 잠시 후 다시 짝을 바꿔 서로 자기 사진으로 설명한 후 전체 앞에서 각자 발표합니다.

※ **교사의 예시**
* 2번 사진처럼 하나님 말씀보다 자기 지식을 의지하게 만드는 것이다.
* 3번 사진처럼 하나님 말씀을 받아들이지 않고 자기 뜻이 맞다는 교만으로 사는 것이다.
* 8번 사진처럼 당장은 내 맘대로 해서 좋지만 결국 하나님과 언약을 깨는 결과이다.

◆**두 번째 활동** ① 짝과 함께 문장을 완성하고 발표합니다. 교사가 적당한 시간에 '나는 이렇게 요약했어!' 자기 요약을 이야기해 주면 도움이 됩니다.

* **교사의 예시]**
성경에서 죄란 **자기 맘대로 살고 싶어 하나님과 연약을 깨고 말씀을 무시하는 것이다.**
성경에서 죽음은 **하나님과 단절되어 영원한 고통으로 대가를 치르는 것이다.**

* 본 교재의 예시는 저자의 요약일 뿐입니다.
* 교사도 자기 요약을 만들고 발표하길 권합니다.

하브루타 강단 2

※ 단어의 정확한 뜻을 확인하고 천천히 읽으세요 ※

교묘한 사단의 함정

창세기 3장에서 모세는 이스라엘 백성에게 하나님을 '여호와 하나님'(히브리어-여호와 엘로힘)으로 소개한다. 하나님의 이름에는 각각의 47)의미가 있다. '여호와'는 관계를 말할 때 사용되며 '엘로힘'은 능력을 강조하는 이름이다.

아들이 나를 위해 기도할 때면 늘 '아버지이자 목사님이신 아빠를 위해 기도합니다'로 시작한다. 부자 관계와 목회자로서 역할이 공존하지만 관계가 더 우선이다. 관계가 무너지면 목사의 역할도 어려워진다. 우리의 신앙도 역시 하나님의 능력보다 하나님과의 관계가 중심이 되어야 한다.

뱀은 하와에게 '엘로힘'만 언급하며 48)교활하게 관계보다 하나님의 능력에만 집중하게 했다. 하와는 뱀의 함정에 빠져 '엘로힘'이라고만 대답한다. 종교는 49)제물로 신의 능력을 얻

---

47) 의미(意 뜻 의, 味 맛 미)-1.말이나 글의 뜻 2.행위나 현상이 지닌 뜻
48) 교활(狡 간사할 교, 猾 어지럽힐 활)- 간사하고 꾀가 많음.

는 것이지만, 신앙은 하나님과 관계가 중요하다. 50)종교는 거래이지만 신앙은 사귐이다. 유대인은 51)계명을 주신 하나님의 의도는 뒤로 한 채 계명을 문자적으로 준수하는 일에만 집중했다. 하나님과의 관계보다 계명을 지키고 안녕을 얻으려는 종교적 거래로 만들어 버렸다.

죄는 일회성 사건으로 끝나지 않는다. 52)타락한 영혼에 들러붙어 지속적인 후폭풍을 가져온다. 그 첫째 결과는 가치 판단의 혼선이다. 하나님이 없는 세상은 어느 미치광이가 중요하지 않은 것에는 비싼 가격표를 붙이고, 소중한 것에는 싸구려 가격표를 붙여 놓은 세상과 같다.

죄는 다른 사람을 사랑할 수 없게 만든다. 사랑의 힘은 하나님과의 교제에서 채워진다. 배우고 노력한다고 되는 것이 아니다. 사람의 감정은 변하고 의지로는 몇 번은 가능해도 지속할 수가 없다. 하나님은 사랑으로 충만하신 분이다. 하나님과 교제할 때 그 사랑이 스며드는 것이다.

하나님과의 관계가 끊어지면 인간은 결국 다른 사람과 관계도 무너진다. 아담과 하와는 둘 사이 특별한 문제가 없었지만, 관계는 깨지고 53)원망과 핑계의 대상이 되었다. 가인은 54)시기와 55)질투에 눈이 멀어 동생을 살해하는 비참한 인생이 되었다. 또 자신을 죽일 것이라며 사람들을 56)오해했다.

---

49) 제물(祭 제사 제, 物 만물 물)-제사 지낼 때 바치는 물건이나 짐승 따위
50) 종교(宗 마루 종, 敎 가르칠 교)-이나 초자연적인 절대자 또는 힘에 대한 믿음을 통하여 인간 생활의 고뇌를 해결하고 삶의 궁극적인 의미를 추구하는 문화 체계
51) 계명(誡 경계할 계, 命 목숨 명)-종교에서 반드시 지켜야 할 조건
52) 타락(墮 떨어질 타, 落 떨어질 락)-올바른 길에서 벗어나 잘못된 길로 빠지는 일
53) 원망(怨 고깝게 여길 원, 望 바랄 망)-못마땅하게 여기어 탓하거나 불평을 품고 미워함
54) 시기(猜 샘할 시, 忌 꺼릴 기)-남이 잘되는 것을 샘하여 미워함
55) 질투(嫉 시기할 질, 妬 강샘할 투)-1. 부부 사이나 사랑하는 이성(異性) 사이에서 상대되는 이성이 다른 이성을 좋아할 경우에 지나치게 시기함.
　2. 다른 사람이 잘되거나 좋은 처지에 있는 것 따위를 공연히 미워하고 깎아내리려 함

성경이 말하는 사랑은 단순히 설레고 끌리는 감정이 아니다. 사랑은 그런 것보다 훨씬 더 깊다. 오래 참고, 시기하지 않고, 자랑하지 않고, 교만하지 않으며, 이기적이지 않고, 덮어 주고 견디게 한다 (고전 13:4~7). 하나님은 예수 그리스도를 통해 우리에게 완전한 사랑이 무엇인지 보여 주셨다.

죄를 해결하지 못한 인생은 화병의 꽃과 같다. 종교, 의학, 과학 등 인간의 어떤 노력에도 결국 시들어 죽게 된다. 상상할 수 없는 무서운 고통이 결국이다.

교사 가이드

◆**단어 뜻 확인하기** ① 명확히 뜻을 모른 단어는 각주에서 한자의 뜻과 뜻풀이를 참고 해 다시 설명합니다.
② 성경적 개념이나 모두 알아야 한다고 판단하는 단어는 교사가 그 의미를 설명합니다.
※ 모두 함께 살펴볼 단어
* 계명 – 誡 경계할 계; 경계하다. 스스로 조심하고 삼가다
　　　　命 목숨 명; 목숨, 운수, 운, 명하다,
　　　　– 목숨처럼 따라야 할 경계

◆**하브루타 강단 읽기** ③ 내용을 생각하며 천천히 하브루타 강단 글을 읽은 후 교사는 질문으로 피드백합니다. (교사 판단에 따라 두세 번으로 나눠 읽어도 좋습니다.)

※ 피드백 질문의 예시]
 * 뱀이 하와에게 가장 먼저 한 것은 무엇인가요?
 * 종교와 기독교 신앙의 차이는 무엇이라 설명하나요?
 * 죄의 특성을 어떻게 설명하나요?

---

56) 오해(誤그릇 오. 解풀 해)-그릇되게 해석하거나 뜻을 잘못 앎. 또는 그런 해석이나 이해

 ## 하브루타 활동 Ⅰ – 내용 이해 피드백 하기

◆ 2~3개 질문을 선택하고 자기 의견을 발표하세요.

1. 처음 알게 된 내용이 있나요?
2. 알고 있었지만 새롭게 다가온 내용이 있나요?
3. 중요한 핵심은 무엇이라 생각하나요?
4. 설명이 더 필요한 내용이 있나요?

교사 가이드

① 각자 2~3가지 질문을 선택하고 그에 대한 자기 생각을 발표합니다. 발표 내용이 앞서 글을 읽고 난 후 피드백 내용과 겹쳐도 괜찮습니다. 또 앞 사람과 의견이 같다고 하면 교사는 구체적 질문으로 피드백합니다.

※ **피드백하는 또 다른 방법** – 교사가 상황에 따라 선택합니다.
* 문해력 왕 뽑기
① 각자 질문을 하나 선택하고 그에 대한 친구들의 대답 중에서 가장 마음에 든 의견을 선택합니다.
③ 가장 많이 선택받은 사람이 '문해력 왕'이 됩니다.
④ 모두 [OOO님을 뵙니다!]로 인사하고 박수로 축하합니다.
* 리액션 왕 뽑기 – ① 질문에 대한 의견 발표 후 친구들의 리액션을 받고 가장 맘에 든 것을 선택합니다. 가장 많이 선택받은 사람이 리액션 왕입니다.

* 강단 내용 중 이해가 부족한 부분은 교사가 다시 설명해 줍니다. 다른 학생의 의견을 먼저 듣는 것도 좋은 방법입니다.

◆ 짝과 사진 4장을 선택하여 단어와 문장을 적고 인간을 공격
하는 사단의 계략과 죄의 후폭풍을 설명하세요. [○ – 순서]

리액션 하기 의견을 들은 후에는 자기 생각과 비슷한 동작으로 리액션하고,
그 이유를 짧게 설명하세요. [복수 선택 가능]

핵심을 정확히 설명했을 때	핵심만 간단히 설명하길 바랄 때
내 의견과 비슷하다고 생각할 때	미처 생각하지 못한 것을 설명했을 때
설명이 나에게 도움이 되었을 때	설명을 듣다가 이해한 것이 생겼을 때
듣다 보니 질문이 생길 때	발표 태도가 이전보다 개선됐을 때

◆ **첫 번째 활동** – ① 짝과 함께 성경이 보통의 책들과 다른 특징 4가지를 [하브루타 강단 2]에서 찾고 ② 발표는 각자 합니다.

※ **교사의 예시**

하나님과 관계를 의식하지 않고 오직 하나님의 호주머니만 관심 두게 만든다.

울타리도 없이 내 맘대로 사는 것을 자유와 행복이라고 착각하게 한다

하나님을 떠나니 사랑은 없고 오직 죽이는 판단만 난무하게 되었다.

결국 나의 감정 때문에 서로에게 화살을 쏘고 등에 칼을 꽂는다.

* 본 교재의 예시는 저자의 요약일 뿐입니다.
* 교사도 자기 요약을 만들고 발표하길 권합니다.

③ 한 사람이 발표하면 모두 [리액션 하기]표를 참고하여 리액션하고 그렇게 한 이유를 묻습니다. 발표에 더욱 경청하게 합니다.

※ **다른 피드백 방법 – 리액션 왕 뽑기**

리액션 받은 사람은 받은 리액션 중 가장 마음에 든 리액션을 선택합니다. 모두 이야기를 마친 후 가장 많이 선택받은 사람이 오늘의 리액션 왕이 됩니다.
[리액션 왕 OOO님을 뵈옵니다.]인사하고 박수로 축하합니다.

요약하고 기도하기

💬 하브루타 활동 Ⅰ - 말씀 다시 보기

◆ 두 사람이 짝이 되어 밑줄이 누구인지(무슨 의미인지) 괄호
에 기록하고 발표하세요.

> 창 3:1 여호와 하나님께서 만드신 들짐승 가운데 뱀이[   ] 가장
> 교활했습니다.[   ] 그가 여자에게 말했습니다.
> "정말 하나님 [אלהים, 엘로힘]께서 '동산의 어떤 나무의 열매도 먹
> 으면 안 된다'라고 말씀하셨느냐?" 5이는 너희가[   ] 그것
> 을 먹는 날에는 너희 눈이 열려서 너희가 선과 악을 아시는 하나님
> 처럼[אלהים, 엘로힘] 될 것을[   ] 하나님께
> 서 아시기 때문이다."

교사 가이드

짝과 함께 생각나는 단어, 하브루타 강단 내용 등 되도록
많이 이야기한 후 ②각자 생각을 정리하여 발표합니다.

※ 답의 예시

창 3:1 여호와 하나님께서 만드신 들짐승 가운데 뱀이[사단] 가
장 교활했습니다.[하나님을 배반하도록 가장 간교하게 어지럽히
는 자였습니다] 그가 여자에게 말했습니다. "정말 하나님 [אלהים,
엘로힘]께서 '동산의 어떤 나무의 열매도 먹으면 안 된다'라고
말씀하셨느냐?" 5이는 너희가[아담과 하와] 그것을 먹는 날에는
너희 눈이 열려서 너희가 선과 악을 아시는 하나님처럼[אלהים, 엘
로힘] 될 것을[하나님처럼 간섭 없이 내 마음대로 선악을 판단하
며 살 수 있게 될 것을] 하나님께서 아시기 때문이다."

 ## 하브루타 활동 Ⅱ – 제2과 요약 하기

◆ 짝과 함께 죄의 의미와 죄의 뿌리, 인간을 무너뜨리는 사단의 계략
   이 포함되도록 아래 문장을 완성하세요.

뱀이 교활하다는 것은 ＿＿＿＿＿＿＿＿＿＿＿ 의미이다.
사단은 하와를 무너뜨리기 위해 하나님과 ＿＿＿＿＿보다
＿＿＿＿＿＿＿＿＿만 보게 했다.
선악과를 먹은 것은 ＿＿＿＿＿＿＿＿＿＿의미이며,
그 결과 인간은＿＿＿＿＿＿＿＿＿＿ 하게 되었다.
또 아담과 같이 하나님을 무시하고 떠난 인간에게 내린
형벌은 ＿＿＿＿＿＿＿＿＿＿＿＿＿＿＿이다.

교사 가이드

① 각자 요약 문장을 완성합니다. ② 1분 정도 후 선생님이 자연스럽게 자기 요약을 읽어 줍니다. ③ 어느 정도 완성한 다음에는 두세 사람씩 짝을 이룬 후 서로의 문장을 보고 자기 것을 보완하거나 통일된 하나의 요약으로 만듭니다. ④ 발표는 팀이 아닌 개인으로 합니다. * 짝 활동 전에 각자 발표한다고 미리 말해줍니다.

※ 교사의 예시

아담과 하와가 선악과를 먹는 것은 **하나님 말씀을 무시하고 자기 뜻대로 살겠다는 의미**이다. 사단은 하와를 무너뜨리기 위해 **하나님과의 관계보다 능력**만 보게 하였으며 그 결과 인간은 **하나님과 단절되고 더 비참한 인생이 되어** 비참하게 되었다. 나에게 있는 범죄한 아담과 같은 모습은 **여전히 내 생각 내 마음으로 판단하려는 모습**이다.

* 본 교재의 예시는 저자의 요약일 뿐입니다.
* 교사도 자기 요약을 만들고 발표하길 권합니다.

 **하브루타 활동 Ⅲ** – 작은 기도 부흥회

 자신을 돌아보고 앞으로는 하지 말아야 할 일들을 나누세요.

1) 내 욕심에 하나님을 외면한 나의 모습은?

____

2) 하나님 앞에 죄가 무엇인지 몰랐던 나의 모습은?

____

3) 기타 ______________________________________

교사 가이드

회개 없는 변화와 성장은 없습니다. 또 인간의 의지로는 몇 번은 가능해도 지속도 어렵고 하나님의 도움 없이는 변화도 어렵습니다. ① 제시된 질문에 대한 각자 생각을 나눕니다. ② 교사는 다양한 예시를 이야기해 주고 비슷한 사례나 주변 모습을 이야기합니다. ④ 나온 내용 중에서 비슷한 자기 모습을 발표합니다. 교사가 먼저 솔직한 자기 모습을 나누면 학생에게 용기를 주고 도움이 됩니다.

※ 예시

1) 내 욕심에 하나님을 외면한 나의 모습은?

* 약속을 미뤄도 되는데도 예배에 빠졌던 일
* 성적 욕심에 교회 빠지고 시험 준비한 일
* 말씀이 부담되어 현실에 맞지 않다고 타협했던 일
* 옳은 것은 알지만, 마음이 상해 외면했던 일

2) 하나님 앞에 죄가 무엇인지 몰랐던 나의 모습은?

* '아멘'하고도 가볍게 여기고, 지키지 않는 모습
* 성경을 배우고도 실천하지 않는 나

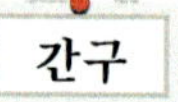 내 힘으로 할 수 없기에 하나님의 도움이 필요한 일을 나누세요.

1) 하나님의 능력보다 관계가 우선되게 하소서!

2) 영혼에 들러붙은 죄의 무서움을 알게 하소서!

3) 기타 ___________________________________

제시된 내용이 왜 중요한지 의견을 나눕니다. 반대가 되면 어떤 일이 생길지 생각해 보는 것도 좋은 방법입니다.

※ 예시

1) 하나님을 느끼고 그 사랑을 누리게 하소서!

 * 하나님을 모르면 진정한 믿음을 갖기 힘들 것 같다.

2) 내 눈을 열러 성경을 볼 수 있게 하소서!

 * 오래 교회를 다닌 사람도, 성경 지식이 많은 사람도 왜 세상과 다르게 살지 않는지 알 것 같다.

각오나 다짐이 아닌 확인 가능한 실천을 나누세요.

____

____

⑤ 각오와 다짐보다는 말, 행동으로 확인할 수 있어야 합니다.

※ 예시 - 일단 성경 말씀대로 행동해 보고 생각하겠다.

교사 가이드

❻ 스마트폰 등을 활용해 배경 음악으로 찬양을 크게 틀고, 작은 부흥회라는 마음으로 손을 맞잡고 간절히 소리 내어 기도합니다.

❼ 학생 중에 집중하지 않은 학생이 있어도 개의치 않고 기도에 집중하는 것이 좋습니다. 시간이 지나면 참여합니다.

❽ 마지막은 반드시 교사가 학생 이름을 언급하며 축복 기도로 마칩니다.

❾ 서로 하이 파이브나 포옹 등으로 마무리합니다. 다만 가족이 아닌 경우에는 이성 간의 포옹은 조심합니다.

작은 이야기

"목사님 하나님은 선악과를 대체 왜 만들었나요? 한 학생
이 묻는다.
"네가 생각하기에 선악과는 무엇을 상징한다고 생각하니?
답을 듣기 전에 먼저 생각해 보면 좋겠다."

"목사님 아까 그거요?" 점심시간에 학생이 다시 날 붙든다.
"잘 모르지만, 선악을 판단하는 자격~ 그런 거 아닐까요?"
"오~! 그럼 누가 판단해야 좋을까? 혹시~ 엄마가?"
"안 돼요~ 큰일나요. 아침 다르고, 저녁에 다른데."
"그럼, 누가 판단해야 할까?"
"가장 똑똑한 사람이 하는 것이 좋겠죠!
'누가 가장 똑똑할까?' 손으로 하늘을 가리켰다.
"아~하나님이 좋겠네요!"

"그럼 하나 더!
 선악과가 없어도 사단이 아담을 내버려뒀을까?"
"사단이요? 설마요?"

"그럼, 위험표지판이 있는 것이 더 나을까?
 아니면 표지판 때문에 생각나서 더 유혹되기 쉬울까?"
"선악과가 표지판?
 그럼, 하나님은 오히려 아담을 보호하신 거네요"

3과

예수의 십자가

진도 보다 내용을 이해할 수 있도록 충분히 이야기 나누세요.

베드로전서 2장 24-25절

[개역 개정]

24 친히 나무에 달려 그 몸으로 우리 죄를 담당하셨으니
이는 우리로 죄에 대하여 죽고 의에 대하여 살게 하려 하심이라
그가 채찍에 맞음으로 너희는 나음을 얻었나니
25 너희가 전에는 양과 같이 길을 잃었더니
이제는 너희 영혼의 목자와 감독 되신 이에게 돌아왔느니라

[현대어 성경]

24 그리고 몸소 우리의 모든 죄를 걸머지고 십자가 위에서 죽으셨습니다.
그래서 우리는 죄를 떠나서 올바른 생활을 할 수 있게 된 것입니다.
그리스도께서 상처를 입으신 대신 우리가 낫게 된 것입니다.
25 여러분이 전에는 하나님을 떠나서 길 잃은 양처럼 헤매 다녔습니다.
그러나 이제는 어떤 적이 공격해 와도 여러분의 영혼을 안전하게 지켜 주시는
감독자와 목자이신 그분에게로 돌아왔습니다.

🎨 성서 배경

로마는 세금, 반역이 아니면 식민지의 종교와 자치권을 인정했다. 다만 사형 권한은 로마의 총독이 가졌다. 예수님이 체포될 때 죄명은 '신성 모독'이었지만 로마 법정에서는 로마 황제의 허락 없이 유대인의 왕이 되려 했다는 '반역죄'였다.

빌라도는 예수가 종교 사범임을 알고 돌려보내 유대 법에 따라 돌로 죽여도 문제 삼지 않으려 했다. 그러나 유대인은 십자가를 고집했다. 나무에 달려야 하나님께 저주받은 자가 되고, 메시아가 아니라고 주장할 수 있었기 때문이다.

당시 폭압 통치로 황제의 미움을 사고 있던 빌라도는 예수를 살려주면 유대인이 황제에게 탄원서를 보낼 것을 염려해 요구를 들어주었다. 십자가는 밥그릇을 지키려는 유대인과 빌라도의 야합이었다.

학생용 교재 38page

① 뜻을 모르는 단어를 찾아 확인한 후 ②의미를 생각하며 성경 구절을 천천히 읽습니다. [현대어 성경]은 말씀 이해를 위해 참고하고 암송은 [개역 개정]으로 합니다.

※ 성경적 뜻을 살펴볼 단어 예시
* 죄 – 하나님과 언약을 깨는 것으로 하나님과 관계를 단절시키는 결과를 가져온다.
* 의 – 하나님과 맺는 새로운 언약 곧 구원의 복음(십자가 구원과 부활)이며 하나님과 관계를 회복하는 결과를 가져온다.

성서 배경

성서 배경을 읽고 평소 몰랐던 내용이나, 새롭게 다가오는 내용이 있는지를 가볍게 이야기합니다.

※ 피드백 질문의 예시
* 예수님의 죄명은 어떻게 바뀌었나요?
* 십자가를 고집한 제사장들의 이유는 무엇이었나요?
* 예수님에게 죄가 로마 법정에서 다룰 죄가 아니라는 것을 알고도 빌라도는 왜 예수님을 십자가에 못 박았나요?

경청이 사람을 살립니다.

※ 단어의 정확한 뜻을 확인하며 천천히 읽으세요 ※

죽기 위해 태어난 사람

간혹 하나님은 범죄 한 인간을 모두 쓸어버리고 왜 새로운 인류를 만들지 않았냐고 말하는 사람을 본다. 하나님의 사랑에 대해 몰라서 하는 말에 불과하다. 태어난 자녀가 맘에 안 든다고 죽이고 새로 낳겠다는 부모가 있겠는가? 하나님이 인간을 포기 못 한 이유는 '사랑' 때문이다.

죄는 형벌이 정해져 있다. 로마서 6장 23절에서 하나님께 지은 죄의 57)대가는 오직 죽음이라 밝힌다. 죽음은 육체적 죽음만이 아니다. 하나님과 회복될 희망이 0.0001%도 없는 완전한 단절이다. 그런 면에서 이 땅에 사는 동안은 완전히 죽음이 확정된 것은 아니다. 아직 58)기회가 있기 때문이다.

---

57) 대가(代 대신할 대. 價 값 가)-1. 물건의 값으로 치르는 돈.
　　　　　2. 일을 하고 그에 대한 값으로 받는 보수.
　　　　　3. 노력, 희생을 통하여 얻게 되는 결과. 또는 결과를 얻기 위한 노력, 희생.
58) 기회(機 틀 기. 會 모일 회/모이는 것을 잡을 틀)- 어떠한 일을 하는데 적절한 시기나 경우.

죽음은 인간의 힘으로 59)해결할 수 없다. 이제라도 다시 하나님을 인정하고 말씀대로 산다고 해결되는 것이 아니다. 이미 지은 죄에 대한 대가를 치러야 하기에 때문이다. 인간에게 희망이란 없다.

우리가 살 수 있는 유일한 길은 누군가 나 대신 죽어 주는 길밖에 없다. 그는 사람이어야 하고 죄가 없어야 한다. 죄가 있다면 자기 죄로 죽는 것뿐이다. 세상에 죄 없는 사람이 없으니, 인간에게 남은 것은 오직 60)절망뿐이다. 이것이 예수님이 이 땅에 오셔야만 했던 이유이다.

모든 인간은 살기 위해 태어나지만, 예수님은 우리를 대신해 죽기 위해 태어나셨다. 예수님은 완전한 사람으로 오셔야 하기에 마리아를 통해 아기로 태어나셨다.

아담이 선악과를 먹는 순간, 사단은 하나님에게 사랑하는 이를 잃어버린 치명적인 고통을 주었다고 생각했을 것이다. 그러나 하나님은 61)독생자 예수를 이 땅에 보내셨다.

사단은 하나님이 그렇게까지 하실 줄은 미처 몰랐을 것이다. 하나님의 사랑은 우리가 무엇을 상상하든 그보다 크고 놀랍다. 십자가는 하나님에게 62)호의를 가진 사람에게만 주는 은혜가 아니다. 오히려 미워하는 사람은 물론 관심 없고 그 존재마저 무시하는 사람까지도 63)구원하는 생명의 길이다.

---

59) 해결(解 풀 해, 決 결단할 결)-제기된 문제를 해명하거나 얽힌 일을 잘 처리함.
60) 절망(切 끊을 절, 望 바랄 망)-바라볼 것이 없게 되어 모든 희망을 끊어 버림. 또는 그런 상태
61) 독생자(獨 홀로 독, 生 날 생, 子 아들 자)-하나님의 외아들이라는 뜻으로, '예수'를 이르는 말 /표준국어대사전 [*성경에서 독생자는 외아들이란 의미가 아니라 인간을 구원하기 위해 하나님 스스로 사람으로 태어난 유일 하신 분이란 의미다]
62) 호의(好 좋을 호, 意 뜻 의)-친절한 마음씨. 또는 좋게 생각하여 주는 마음

　　로마서 5장 8절은 하나님은 죄인을 위해 그리스도를 보내 우리 대신 죽으심으로 그 큰 사랑을 보이셨다고 말한다. 구원은 아담처럼 하나님을 마음에서 밀쳐내고 사는 사람을 위해 준비하신 하나님의 선물이다. 먼저 사랑하고 십자가를 지신 놀라운 사랑이다.

　　십자가는 단순히 종교적 상징이 아니다. 인간이 살 수 있는 유일한 길이다. 죄는 하나님과의 관계를 단절시키지만 [64] 의는 하나님과의 관계를 회복하게 만든다. 인간에게는 하나님과의 관계를 회복할 수 있는 어떤 '의'도 없다. 오직 예수의 십자가만이 하나님과의 관계를 회복시키는 유일한 '의'이다.
사도행전 4장 12절(현대어성경)
그분의 힘을 입지 않고는 어느 누구도 구원받을 수 없습니다. 사람에게 주신 이름 가운데 우리를 구원할 수 있는 이름은 그 이름밖에 없습니다

교사 가이드

① 명확히 뜻을 모른 단어는 각주에서 한자의 뜻과 뜻풀이를 참고해 자신만의 방법으로 설명합니다.
② 성경적 개념을 알아야 할 단어, 모두가 살펴봐야 할 단어는 교사가 설명해 줍니다.
※ 성경적 개념을 살펴볼 단어
 * 죽음-하나님과 완전히 단절된 상태를 말하며 그 끝은 영원한 형벌에 들어가는 것
③ 내용을 생각하며 천천히 [하브루타 강단1] 글을 읽고 교사는 질문으로 피드백합니다.

---

63) 구원(救 건질 구. 援 당길 원)-1. 어려움이나 위험에 빠진 사람을 구하여 줌.
　　　　　　　　　　　　2. 기독교 인류를 죽음과 고통과 죄악에서 건져 내는 일.
64) 의(義 옳을 의)-지키고 행하여야 할 바른 도리 *성경에서 '의'는 하나님과 관계를 회복 시켜주는 것으로 인간에게는 의가 없다. 오직 예수의 십자가와 부활만이 '의'이다.

 ## 하브루타 활동 1 - 내용 이해 피드백

◆ 2~3개 질문을 선택하고 자기 의견을 발표하세요.

1. 처음 알게 된 내용이 있나요?
2. 알고 있었지만 새롭게 다가온 내용이 있나요?
3. 중요한 핵심은 무엇이라 생각하나요?
4. 공부하면서 생각난 이야기 또는 질문이 있나요?
5. 설명이 더 필요한 내용이 있나요?

① 각자 2~3가지 질문을 선택하고 그에 대한 자기 생각을 발표합니다. 발표 내용이 앞서 글을 읽고 난 후 피드백 내용과 겹쳐도 괜찮습니다. 또 앞 사람과 의견이 같다고 하면 교사는 구체적 질문으로 피드백합니다.

※ 피드백하는 또 다른 방법 - 교사가 상황에 따라 선택합니다.

* 문해력 왕 뽑기 - ① 각자 질문을 하나 선택하고 친구들의 대답 중에서 가장 마음에 든 의견을 선택합니다. ② 가장 많이 선택받은 사람이 '문해력 왕'이 됩니다. ③ 모두 [OOO님을 뵙니다!]로 인사하고 박수로 축하합니다.

* 리액션 왕 뽑기 - ① 질문에 대한 의견 발표 후 ② 친구들의 리액션을 받고 가장 맘에 든 것을 선택합니다. ③ 가장 많이 선택받은 사람이 리액션 왕입니다.

* 강단 내용 중 이해가 부족한 부분은 교사가 다시 설명해 줍니다. 다른 학생의 의견을 먼저 듣는 것도 좋은 방법입니다.

◆ 짝(2~3명)과 함께 성경이 말하는 죽음을 보여 주는 사진과
단어를 두 개씩 선택하여 의논한 후 그 개념을 발표하세요.

궁금하다, 걱정스럽다, 무겁다, 괴롭다, 어이없다,
놀라다, 불쾌하다, 허무하다, 답답하다, 당황스럽다,
두렵다, 밉다, 불안하다, 무섭다, 미안하다, 슬프다

리액션 하기 의견을 들은 후에는 자기 생각과 비슷한 동작으로 리액션하고,
그 이유를 짧게 설명하세요. [복수 선택 가능]

핵심을 정확히 설명했을 때		핵심만 간단히 설명하길 바랄 때	
내 의견과 비슷하다고 생각할 때		미처 생각하지 못한 것을 설명했을 때	
설명이 나에게 도움이 되었을 때		설명을 듣다가 이해한 것이 생겼을 때	
듣다 보니 질문이 생길 때		발표 태도가 이전보다 개선됐을 때	

◆ **성경적 개념 요약하기** - 짝과 함께 문장을 완성하세요.

성경에서 죽음의 개념은

이다.

◆ **첫 번째 활동** – ① 사다리 타기를 통해 주어진 질문에 대한 자기 생각을 말하기 전에 두 사람을 지목하고 내 질문에 대한 의견을 들은 다음 ② 생각을 정리해 발표합니다. 순서는 A부터 알파벳 순서로 합니다.

※ **예시**
* 2번 사진처럼 죽음은 다시는 되돌릴 수 없는 영원한 절망이다.
* 5번 사진처럼 하나님과 영원히 단절되어 6번 사진처럼 영원한 고통만 있는 심판으로 떨어지는 것이다.
* 4번 사진처럼 지금은 푸르고 꽃이 있어 아름다워 보이지만 결국 아무런 열매도 없이 시들어 불 속으로 버려지는 것이다.

※ **청소년 등을 위한 또 다른 피드백 방법**
* 리액션 왕 뽑기 – 상황에 따라 교사가 판단하여 진행합니다. 리액션 받은 사람은 받은 리액션 중 가장 마음에 든 리액션을 선택합니다. 모두 마친 후 가장 많이 선택받은 사람이 오늘의 리액션 왕이 됩니다.
[리액션 왕 OOO님을 뵈옵니다.]인사하고 박수로 축하합니다.

◆ **첫 번째 활동** – 성경적 개념 정의하기
두 사람씩 짝을 지어 주어 협력하게 하고 교사의 예시를 응용하도록 읽어 줍니다.

> ※ **요약의 예시**
> 성경에서 죽음의 의미는 **다시 하나님께 돌아갈 희망이 완벽히 단절된 상태를 말하는 것이다.**

* 본 교재의 예시는 저자의 요약일 뿐입니다.
* 교사도 자기 요약을 만들고 발표하길 권합니다.

하브루타 강단 2

※ 단어의 정확한 뜻을 확인하고 천천히 읽으세요 ※

🗨 스스로 내린 사형선고

예수님은 사고나 병으로 죽어서는 안 된다. 반드시 나무에 달려 죽어야 했다. 단순한 죽음이 아니라 우리를 위해 하나님의 65)심판이란 사실이 드러나야 한다 (신21:23).

헤롯왕은 혈통에 대한 열등감을 가지고 있었다. 그는 다윗의 자손, 유대 왕이 태어났다는 말에 예민해졌다. 사단은 그를 이용해 아기 예수를 죽이려 했지만, 성령의 66)개입으로 67)실패했다. 성전 꼭대기에서 뛰어내리도록 68)충동했지만 실패했다. 세상 왕국을 주겠다며 자기편을 만들려고 했지만, 그 역시 69)허사였다.

사단은 70)성전 지도자들을 충동하여 또다시 예수를 죽이

---

65) 심판(審 살필 심, 判 판가름할 판)-1. 기독교 하나님이 인간과 세상의 죄를 제재함
        2. 어떤 문제와 관련된 일이나 사람에 대하여 잘잘못을 가려 결정을 내리는 일
66) 개입(介 끼일 개, 入 들 입)-자신과 직접적인 관계가 없는 일에 끼어듦.
67) 실패(失 잃을 실, 敗 깨트릴 패)-일을 잘못하여 뜻한 대로 되지 아니하거나 그르침
68) 충동(衝 찌를 충, 動 움직일 동)-1. 순간적으로 어떤 행동을 하고 싶게 하는 마음속의 자극
        2. 어떤 일을 하도록 남을 부추기거나 심하게 마음을 흔들어 놓음
69) 허사(虛 빌(모자라다) 허, 事 일 사)-보람을 얻지 못하고 쓸데없이 한 노력.

학생용 교재 44page

려 했다. 백성들 몰래 한밤중에 조용히 71)체포하여 새벽 일찍 로마 총독에게 끌고 갔다. 그런데 유대 법이라면 스데반처럼 돌에 맞아야 하지만, 로마법은 나무에 달려야만 한다. 깜짝 놀란 사단은 빌라도를 이용해 예수님을 풀어주려 했다. 예수 님은 자신이 유대의 왕이라 말하여 72)군중이 소리치게 했다.

"십자가에 못 박아라! 십자가에 못 박아라!"

예수님은 빌라도에게 끌려온 지 세 시간 만에 십자가에 달리셨다. 겉으로 보기에는 자기 밥그릇을 위한 유대인과 빌 라도의 73)야합이지만, 십자가는 인류를 살리기 위한 하나님의 치밀한 계획이었고 그리스도의 순종이었다. 누가 감히 하나님 의 아들을 죽일 수 있겠는가? 십자가는 예수님이 스스로 내 린 사형 74)집행이었다.

같은 십자가지만 유대인과 예수님의 시선은 달랐다. 유대 지도자들에게는 하나님의 75)저주로 죽었으니 76)메시아가 아 니라는 백성을 선동할 수 있는 근거였다. 반면 예수님에게는 우리의 죄를 77)대속하는 하나님의 법정에서 심판이었다.

세상의 78)영화를 좇는 이들에게 복은 권력을 차지하고

---

70) 성전(聖 성스러울 성. 殿 큰집 전)- 1. 신성한 전당.
　　　　2. 기독교 예수 그리스도를 주(主)로 고백하고 따르는 신자들의 공동체. 또는 그 장소.
71) 체포(逮 미칠 체. 捕 잡을 포)- 신체에 대하여 직접 구속을 가하여 행동의 자유를 빼앗는 일
72) 군중(群 무리 군. 衆 무리 중)-한곳에 모인 많은 사람.
73) 야합(野 들 야. 合 합할 합)- 1. 부부가 아닌 남녀가 서로 정을 통함.
　　　　2. 좋지 못한 목적으로 서로 어울림.
74) 집행(執 잡을 집. 行 갈 행)-실제로 시행함.
75) 저주(詛 맹세할 저. 呪 빌 주)-남에게 재앙이나 불행이 일어나도록 빌고 바람. 또는 그렇게 하
　　　　여서 일어난 재앙이나 불행
76) 메시아-1. 구약에서, 초인간적 예지를 가지고 이스라엘을 통치하는 왕.
　　　　2. 신약에서, '예수 그리스도'를 이르는 말.
77) 대속(代 대신 대. 贖 속받칠 속)-남의 죄를 대신하여 벌을 받거나 속죄함 [*속바치다- 형벌을
　　면하기 위해 값을 치르는 일]
78) 영화(榮 꽃 영. 華 빛날 화)-몸이 귀하게 되어 이름이 세상에 빛남.

부자가 되는 것이다. 그들에게 스스로 십자가를 지는 것은 바보 같은 선택이다. 하지만 모든 고통의 뿌리를 하나님과 단절로 보는 사람, 간절히 하나님과의 회복을 원하는 사람에게 십자가는 생명의 길이며 진정한 신의 한 수이다.

십자가의 대속이 우리에게 중요한 이유는 죽음의 문제가 완전히 해결되어 더는 신경 쓸 필요가 없어졌다는 것이다. 아직 죽음의 연기가 남아 있어도 상관없다. 더는 어둠에 묶여있을 필요가 없게 되었다. 완전한 새 인생이 열렸다. 빛과 생명 속에서 참된 보람과 가치를 추구하고 누리게 된 것이다.

교사 가이드

①명확히 뜻을 모르는 단어는 각주에서 한자의 뜻과 뜻풀이를 참고 해 자기만의 표현으로 의미를 설명합니다.
③성경적 개념, 모두 알아야 할 단어라고 판단 되는 단어는 교사가 그 뜻을 설명해 줍니다.

※ 예시
 * 대속 – 代 대신할 대 贖 속바칠 속; 물물교환하다
       – 재물을 바치고 죄를 면제받다.
 * 대속의 성경적 개념 – 예수님이 우리 대신 제물이 되어 죗값을 치르다

 * 메시아 – 기름 부음 받은 자라는 히브리어로 왕과 선지자, 제사장을 세울 때 올리브 기름을 머리에 부으는 의식에서 나온 말이다. 헬라어로는 그리스도이다

※ 피드백을 위한 질문
 * 예수님이 나무에 달려 죽어야 하는 이유는 무엇인가요?
 * 예수님은 왜 백성을 충동하여 스스로 죽음을 택한 것인가요?

하브루타 활동 1 – 내용 이해 피드백 하기

◆ 2~3개 질문을 선택하고 자기 의견을 발표하세요.

1. 처음 알게 된 내용이 있나요?
2. 알고 있었지만 새롭게 다가온 내용이 있나요?
3. 중요한 핵심은 무엇이라 생각하나요?
4. 설명이 더 필요한 내용이 있나요?

교사 가이드

① 각자 2~3가지 질문을 선택하고 그에 대한 자기 생각을 발표합니다. 발표 내용이 앞서 글을 읽고 난 후 피드백 내용과 겹쳐도 괜찮습니다. 또 앞 사람과 의견이 같다고 하면 교사는 구체적 질문으로 피드백합니다.

※ 피드백하는 또 다른 방법 – 교사가 상황에 따라 선택합니다.

* 문해력 왕 뽑기 – ① 각자 질문을 하나 선택하고 친구들의 대답 중에서 가장 마음에 든 의견을 선택합니다. ② 가장 많이 선택받은 사람이 '문해력 왕'이 됩니다. ③ 모두 [OOO님을 뵙니다!]로 인사하고 박수로 축하합니다.

* 리액션 왕 뽑기 – ① 질문에 대한 의견 발표 후 ② 친구들의 리액션을 받고 가장 맘에 든 것을 선택합니다. ③ 가장 많이 선택받은 사람이 리액션 왕입니다.

* 강단 내용 중 이해가 부족한 부분은 교사가 다시 설명해 줍니다. 다른 학생의 의견을 먼저 듣는 것도 좋은 방법입니다.

◆ 짝과 함께 사진 위에 단어 또는 간단한 문장을 적고 예수의 죽음이 세상 사람과 달라야 하는 이유를 설명하세요.

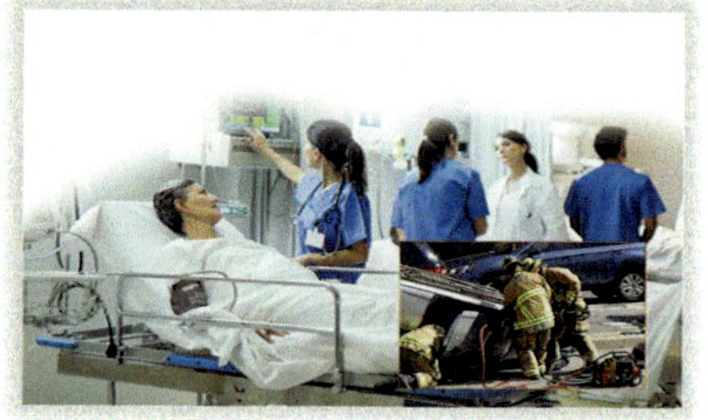

리액션 하기

의견을 들은 후에는 자기 생각과 비슷한 동작으로 리액션하고, 그 이유를 짧게 설명하세요. [복수 선택 가능]

핵심을 정확히 설명했을 때	핵심만 간단히 설명하길 바랄 때
내 의견과 비슷하다고 생각할 때	미처 생각하지 못한 것을 설명했을 때
설명이 나에게 도움이 되었을 때	설명을 듣다가 이해한 것이 생겼을 때
듣다 보니 질문이 생길 때	발표 태도가 이전보다 개선됐을 때

◆ **성경적 개념 정의하기** - 짝과 함께 문장을 완성하세요.

예수님이 나무에 달리신 이유는

이다.

◆ **첫 번째 활동** – ① 짝과 함께 단어 또는 문구를 적고 발표 연습을 합니다. ③ 짝을 바꿔서 연습한 내용을 서로 설명합니다. ④ 한 사람이 발표하면 모두 리액션하고 상황에 따라 의견을 주고받습니다.

※ 교사의 예시

유대 법은 스데반처럼 돌에 맞아 죽어야 하지만 하나님의 심판은 나무에 달려야 한다. 우리 죄의 대가를 치르기 위해서는 하나님의 심판으로 나무에 달려야 한다.

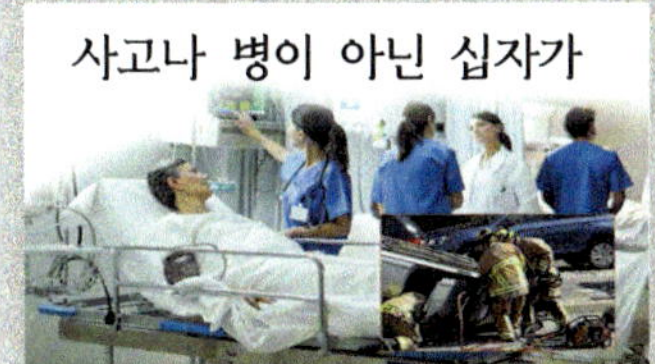

예수님의 죽음은 우리 대신 속죄기에 병이나 사고로 죽어서는 안 된다. 하나님의 심판이란 사실이 드러나야 한다. 주님은 유대 심판이 아닌 나무에 달리시기 위해서 스스로 로마 법정에서 사형당하신 것이다.

◆ **두 번째 활동** – 성경적 개념 정의하기
① 짝과 의논하여 문장을 완성합니다. ② 상황에 따라 학생이 응용하도록 교사가 자기 요약을 읽어 줍니다.

※ 교사의 예시

예수님이 나무에 달리신 이유는 **하나님의 심판 법정에서 우리를 대신해 죽어야 했기 때문이다. 십자가는 하나님의 놀라운 사랑과 죄의 무서움을 동시에 보여 준 사건이다.**

* 본 교재의 예시는 저자의 요약일 뿐입니다.
* 교사도 자기 요약을 만들고 발표하길 권합니다.

요약하고 기도하기

 하브루타 활동 1 – 말씀 다시 보기

◈ 짝과 함께 질문에 대해 의논 후 발표하세요.

베드로전서 2장 22-24절 [우리말성경] 22 ①그분은 죄를 지으신 일도 없고 그 입에는 거짓이 없었으며 23 그분은 모욕을 당하셨으나 모욕으로 갚지 않으셨고 고난을 당하셨으나 위협하지 않으셨고 공의로 심판하시는 분에게 자신을 맡기셨습니다. 24 그분이 친히 ②나무에 달려 자기 몸으로 우리의 죄를 짊어지셨으니 이는 우리가 죄에 대해 죽고 의에 대해 살게 하려는 것입니다.	① 사람으로 태어난 이유는? ② 나무에 달려야만 하는 이유는?

교사 가이드

① 짝과 함께 생각나는 단어, 하브루타 강단의 내용 등을 이야기한 후 ②각자 정리하여 발표합니다.

※ 예시

22 ①그분은[예수 그리스도] – 모든 사람이 죄인이기에 스스로 죄의 심판에서 벗어날 수 없기에 우리를 사랑하는 하나님이 사람이 되신 것이다.

② 나무에 달려 – 하나님의 심판으로 죽으셔야 하기에 신명기 21장 23절 말씀처럼 나무에 달려 죽으셔야 했다.

학생용 교재 48page

◈ 짝과 함께 인간에게 소망이 없는 것과 예수님이 나무에 달려야만 하는 이유가 포함되도록 아래 문장을 완성하세요.

예수님이 이 땅에 오실 수밖에 없는 이유는 ＿＿＿＿＿＿＿
＿＿＿＿＿＿＿＿＿＿때문이다. 또 예수님이 나무에 달려야
만 하는 이유는 ＿＿＿＿＿＿＿＿＿＿＿＿＿＿＿이다.
또 그리스도가 십자가에서 죽으심으로 나에게 주어진
축복은 ＿＿＿＿＿＿＿＿＿＿＿＿＿＿＿＿＿이다.

교사 가이드

① 처음에는 각자 스스로 제시된 요약 문장의 밑줄을 채웁니다. ② 교사는 약 1분 정도 있다가 자기 요약을 읽어 주어 참고하게 합니다.
③ 어느 정도 완성한 다음에는 두 명씩 짝이 되어 서로의 요약을 참고하여 자기 요약을 보완하거나 통일된 하나의 요약으로 만들고 ④ 발표는 개인으로 합니다.

* 요약의 예시

예수님이 이 땅에 오실 수밖에 없는 우리가 스스로 죄를 해결하고 하나님 앞에 나갈 수 없고, 우리를 대신 죽어줄 사람도 없기 때문이다. 또 예수님이 나무에 달려야 하는 이유는 하나님의 법정에서 심판받은 사실이 명백히 드러나야 하기 때문이다. 그리스도의 십자가로 인해 내가 누리는 하나님의 은혜는 죄에서 자유롭게 되어 성령님과 동행하는 축복이다.

* 본 교재의 예시는 저자의 요약일 뿐입니다.
* 교사도 자기 요약을 만들고 발표하길 권합니다.

 ## 하브루타 활동 Ⅲ - 작은 기도 부흥회

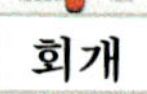 **회개**   자신을 돌아보고 앞으로 하지 말아야 할 일들을 나누세요.

1) 내 힘으로 하나님의 축복을 받으려 했던 나의 모습은?

____

2) 진심으로 십자가 사랑에 감사하지 못한 나의 모습은?

____

3) 기타 ____

 ### 교사 가이드

회개 없는 변화와 성장은 없습니다. 또 인간의 의지로는 몇 번은 가능해도 지속도 어렵고 하나님의 도움 없이는 변화도 어렵습니다. ① 제시된 질문에 대한 각자 생각을 나눕니다. ② 교사는 다양한 예시를 이야기해 주고 비슷한 사례나 주변 모습을 이야기합니다. ④ 나온 내용 중에서 비슷한 자기 모습을 발표합니다. 교사가 먼저 솔직한 자기 모습을 나누면 학생에게 용기를 주고 도움이 됩니다.

※ 예시

1) 내 힘으로 하나님의 축복을 받으려 했던 나의 모습은?
   * 기도를 열심히 해야 복을 받는 줄 알았다. 기도할 수 있다는 사실 자체가 특권(복)임을 몰랐다.
   * 복음 기도 많이 하고 봉사 많이 하는 사람이 받는다고 생각했다. 사랑과 믿음 없는 경건은 하나님이 받지 않으신다는 것을 몰랐다.

2) 진심으로 십자가 사랑에 감사하지 못한 나의 모습은?
   * 십자가를 부적처럼 나에게 무언가 이득을 주는 것으로 생각했다.
   * 예수님을 십자가에 내어준 하나님의 마음과 우리를 위한 사랑의 마음을 깊이 생각해 본 적이 없다.

 내 힘으로 할 수 없기에 하나님의 도움이 필요한 일을 나누세요.

1) 예수님을 보내신 하나님의 사랑을 알게 하소서!

2) 그리스도의 희생이 헛되지 않은 인생이 되게 하소서!

3) 기타 _______________________________________

제시된 내용이 왜 중요한지 이야기 나눕니다. 반대로 되면 어떤 일이 일어날지 생각하는 것도 좋은 방법입니다.

※ 예시

1) 예수님을 보내신 하나님의 사랑을 알게 하소서!

 * 하나님 사랑을 모른다면 진정한 믿음을 가질 수 없다.

2) 그리스도의 희생이 헛되지 않은 인생이 되게 하소서!

 * 주님 오시는 그날 떳떳한 발자국이 있는 인생이 되어야 한다.

 각오나 다짐이 아닌 확인 가능한 실천을 나누세요.

____

____

⑤각오와 다짐보다 말과 행동으로 확인할 수 있어야 합니다.

※ 예시 – 교우에게 먼저 관심을 가지고 다가가겠다.

교사 가이드

❻ 기도할 때는 스마트폰 등을 활용해 찬양을(예; 유튜브) 배경으로 크게 틀고, 작은 부흥회라는 마음으로 손을 맞잡고 간절히 소리 내어 기도합니다.

❼ 마지막은 반드시 교사의 축복 기도로 마칩니다. 이때 학생 이름을 한 사람 한 사람 언급하며 기도합니다.

❾ 모두 마친 후에는 하이 파이브나 포옹 등으로 마무리합니다. 다만 이성 간의 포옹은 가족이 아닌 경우에는 조심합니다.

오늘도 수고 많으셨어요.
차 한 잔, 스스로에게 선물하세요.

작은 이야기

한 남자가 나귀를 타고 황금 문을 지나 예루살렘으로 들어온다. 사람들은 흥분하며 '드디어 왕이 오셨다! 나라 잃은 서러움과 고통이 끝났다! 호산나 다윗의 자손이여!' 소리친다. 군중의 외침이 점점 커진다.

며칠 후 태형과 고문으로 만신창이가 된 남자가 빌라도 총독 앞으로 끌려온다. 며칠 전의 그 나귀를 탄 남자다. 유대 지도자들은 그 남자가 자신이 유대의 왕이라며 군중을 선동하고 로마 황제에게 반란을 꾀한 자라고 말한다. 그러나 빌라도는 그에게 죄가 없음을 알고 있다.

'네가 유대인의 왕이냐?' 빌라도가 묻는다. '아니다.' 한 마디면 살 수 있는데도 그는 '그렇다'라고 대답한다.

채찍에 온몸이 상한 채로 그는 그렇게 커다란 십자가를 짊어지고 골고다로 향하고 실망한 군중은 그에게 온갖 욕설과 야유를 퍼붓는다. 기적 하나만 일으켜도, 말 한마디만 해도 군중은 다시 그를 위해 벌 떼처럼 일어날 텐데…… 그러나 그는 아무것도 하지 않는다.

그는 알고 있다. 그가 살면, 새로운 왕을 세우려는 군중에게 탐욕스러운 유대 지도자들이 죽게 될 것이다. 그가 살면, 어린 로마 군인들이 군중에게 죽을 것이다. 또한 군중은 로마 황제가 보낸 군대에 무참히 죽을 것이다.

그는 알고 있다. 그가 죽어야만 모두가 산다는 것을. 하지만 그가 죽으려는 진짜 이유는 그것이 아니다. 시간이 지나면 사람은 결국 죽는다. 그는 그 너머의 훨씬 더 많은 것을 보고 있는 것이다.

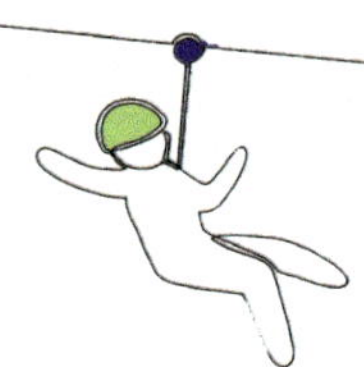

주의 일은
때론 불안하지만 안전하고,
힘들지만, 열매가 있는 일입니다.

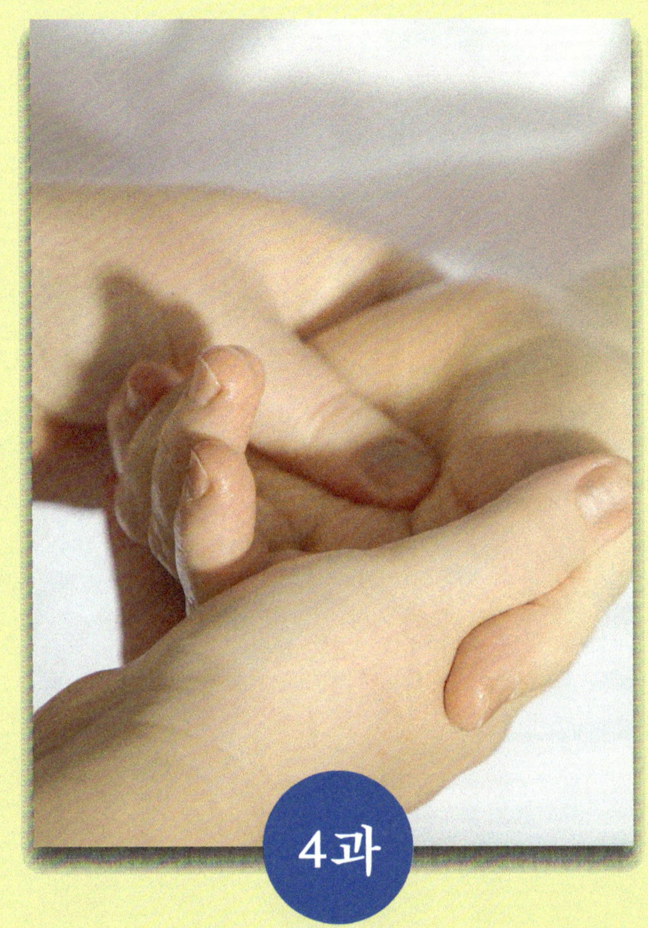

4과

그리스도의 부활

진도 보다 내용을 이해할 수 있도록 충분히 이야기 나누세요.

고린도전서 15장 17-21절

[개역 개정]

17 그리스도께서 다시 살아나신 일이 없으면 너희의 믿음도
헛되고 너희가 여전히 죄 가운데 있을 것이요
18 또한 그리스도 안에서 잠자는 자도 망하였으리니
19 만일 그리스도 안에서 우리가 바라는 것이 다만 이 세상의
삶뿐이면 모든 사람 가운데 우리가 더욱 불쌍한 자이리라
20 그러나 이제 그리스도께서 죽은 자 가운데서 다시 살아나사
잠자는 자들의 첫 열매가 되셨도다
21 사망이 한 사람으로 말미암았으니 죽은 자의 부활도 한
사람으로 말미암는도다

[현대어성경]

17 하나님의 구원을 믿어 온 여러분은 어리석기 짝이 없는 사람으로서 여전히
죄에서 벗어나지 못할 것입니다. 18 그렇게 되면 이미 세상을 떠난
그리스도인들도 다 멸망해 버렸을 것입니다.
19 만일 그리스도인이 된다는 것이 지금 이 세상에서만 가치가 있는 것이라면
우리는 모든 피조물 중에서 가장 비참한 존재일 것입니다.
20 그러나 그리스도께서는 죽었다가 다시 살아나셨습니다. 죽었다가 다시
살아난 첫 사람이 되셨습니다.
21 죽음이 한 사람으로 말미암아 세상에 들어왔듯이 죽은 자의 부활이 이제
다시 다른 한 사람으로 말미암아 왔습니다.

🎨 성서 배경

고린도는 BC 50년경에 로마 황제가 만든 도시로 다양한
사람들이 이주해 왔다. 오래된 타 도시에 비해 비교적 신분이
나 형식을 크게 중요시하지 않는 자유분방한 분위기였다. 광장
토론 문화가 발달하여 이성적 논리를 최고의 지성으로 여겼고
분쟁과 송사 또한 많은 사회였다.

도시의 문화가 그러다 보니 고린도의 성도들도 교회에서
논쟁이 많았고, 재판으로 문제를 해결하려는 일이 많았다. 이
는 복음의 가르침을 저해하는 일로 바울에게 책망을 받았었다.
부활도 믿음보다 이성으로 판단하고 논쟁하는 사람이 많았다.

한편으로는 예수님의 승천을 목격한 오백 명 중 상당수가 아
직 살아있어 신앙의 중심이 되기도 했다.

① 명확히 설명할 수 없는 단어는 자신이 생각하는 뜻을 먼저 이야기한 후에 사전을 찾습니다.
② 한자어는 글자마다 그 뜻을 확인하고 자기만의 방법으로 다시 의미를 설명하길 권합니다.
※ 살펴볼 단어 예시

     * 부활 – 復 다시, 돌아가다
            活 살다

* 부활의 성경적 개념– 단지 숨이 돌아오고 심장이 다시 뛰는 육신의 소생을 넘어 다시 하나님과 함께하는 것을 말한다.

② 의미를 생각하며 성경 구절을 천천히 읽습니다. [현대어 성경]은 의미를 이해하는 데 참고하고 암송은 [개역 개정]으로 합니다.

성서 배경

다 같이 읽은 후 중요한 핵심은 무엇이라 생각하는지 눈에 들어오는 내용이 있는지 등 가볍게 피드백합니다.

※ 피드백을 위한 질문
* 고린도에 발달한 문화는 무엇인가요?
* 고린도 문화에 영향받은 교회의 문제는 무엇인가요?

하브루타 강단 1

※ 단어의 정확한 뜻을 확인하며 천천히 읽으세요 ※

검증이 아닌 믿음의 문제

경험했거나 이해되지 않으면 사람들은 잘 믿지 않는다. 조선시대에 서울에서 부산을 하루에 다녀온다고 하면 어떤 반응이었을까? 다른 사람의 신장 [79]이식을 받는다고 하면 미친 사람이라고 했을 것이다. 그러나 지금은 [80]상식이고 현실이다. 과학은 진리처럼 보여도 얼마든지 바뀔 수 있다.

부활 또한 주님이 오시면 누구도 부인할 수 없는 상식이 될 것이다. 부활을 보통 죽었다 살아나는 것으로 생각하지만, 그들 역시 결국 다시 죽었다. 성경이 말하는 부활은 그런 의미가 아니다. 진정한 부활의 의미는 육체가 다시 살아나는 것을 넘어 하나님과 영원히 함께하는 것을 말한다.

예수 그리스도의 부활은 우리에게 진정한 부활이 무엇인지 명확히 보여 준다. 주님은 죽은 자 가운데 부활하여 하나

---

79) 이식(移 옮길 이, 植 심을 식)-1. 식물 따위를 옮겨 심음
　　2. 의학/살아 있는 조직이나 장기를 생체로부터 떼어 내어, 같은 개체의 다른 부분 또는 다른 개체에 옮겨 붙이는 일.
80) 상식(常 떳떳할 상, 識 알 식)-사람들이 보통 알고 있거나 알아야 하는 지식

님 우편에 함께 계신다. 예수와 함께 부활한다는 말은 우리도 하나님과 함께한다는 의미가 담겨있다. 그러니 부활이 구원이고 생명이다. 예수님은 십자가를 통해 우리의 죄를 사하셨고 부활을 통해 생명을 주신 것이다(롬 4:25).

백혈구에 이상이 생기면 바이러스와 병균을 [81]방어하지 못해 몸의 곳곳에 병이 든다. 약물로 바이러스를 죽이고 나타난 개별 증상을 [82]치료할 수 있지만 망가진 골수를 고칠 수는 없다. 사람 몸에는 고장 난 골수를 스스로 치유하는 능력이 없다.

유일한 방법은 건강한 골수를 이식받는 것뿐이다. 우리의 영혼도 마찬가지로 예수의 생명이 이식되어야 살 수 있다. 성령으로 다시 태어나야 한다. 단순한 종교의식이 아니라 우리 존재의 근본적 변화를 의미한다.

예수의 부활은 과학적으로 증명할 수 있는 [83]영역이 아니다. 인간이 아닌 신의 영역이기 때문이다. 부활은 예수께서 하나님의 아들이라는 사실을 명백히 보여 주는 [84]근거이다. 하나님의 아들이 부활하지 못한다는 것이 오히려 더 이상한 말이다.

때가 되면 부활도 당연하게 되겠지만, 부활에 대한 지금의 태도가 중요하다. 부활을 믿는다는 것은 단순히 먼 훗날 그렇게 될 거라고 인정하는 것이 아니다. 부활을 믿는 자에게는 성령이 함께하신다. 부활을 믿으면 이 땅에서부터 성령 하나님이 함께하는 놀랍고 새로운 인생이 시작된다.

---

81) 방어(防 둑 방. 禦 막을 방)-상대편의 공격을 막음
82) 치료(治 다스릴 치. 療 병고칠 료)-병이나 상처 따위를 잘 다스려 낫게 함.
83) 영역(營 경영할 영 域 지경 역)- 일정한 울안이나 지경의 안
84) 근거(根 뿌리 근. 據 의거할 거)-근본이 되는 거점

바울은 부활을 믿는 것이 구원이라고 했다. 십자가와 부활은 동전의 양면처럼 하나의 복음이다.

롬10:9 [현대어성경] …… 또 하나님께서 예수 그리스도를 죽은 자, 가운데서 다시 살리셨다는 것을 마음속에 굳게 믿으면 구원을 얻기 때문입니다.

성령과 함께하는 영적 교제는 어떤 어려움도 극복하게 하는 힘을 얻게 한다. 부활은 단지 종교적 교리가 아니다. 우리 삶의 근본적인 변화를 불러오는 열쇠이다.

어둠이 빛과 함께 할 수 없듯이 죄인은 하나님과 함께 할 수 없다. 성령 하나님이 우리와 함께한다는 것은 우리의 죄가 완전히 해결됐다는 [85]방증이다. 우리의 구원은 예수님이 하나님 보좌 우편에서 보증해 주시고 (롬 4:25) 보혜사 성령이 함께하시며 [86]보증하신다(고후 1:22).

교사 가이드

① 명확히 뜻을 모른 단어를 찾고 각주에서 한자의 뜻과 뜻풀이를 참고하여 자신만의 방법으로 의미를 설명합니다.
③ 글은 교사의 판단에 따라 2~3단락으로 나눠 읽고 피드백합니다. ③성경적 개념이나 모두 알아야 할 단어라고 생각하는 단어는 먼저 학생이 생각하는 뜻을 들어 본 후 교사가 뜻을 설명해 줍니다.

※ 함께 뜻을 살펴볼 단어 예시
사제 - 司 맡을 사; 맡다, 祭 제사 제; 사람과 신이 서로 접하다
  - 제사를 주관하는 사람 / 교회는 제사가 없기에 사제도 없다.

---

85) 방증(傍 곁 방, 證 증거 증)-사실을 직접 증명할 수 있는 증거는 아니지만, 주변의 상황을 밝힘으로써 간접적으로 증명에 도움을 주는 줌. 또는 그 증거.
86) 보증(保 지킬 보, 證 증거 증)-어떤 사물이나 사람에 대하여 책임지고 틀림이 없음을 증명함.

하브루타 활동 Ⅰ - 내용 이해 피드백 하기

◆ 2~3개 질문을 선택하고 자기 의견을 발표하세요.

1. 처음 알게 된 내용이 있나요?
2. 알고 있었지만 새롭게 다가온 내용이 있나요?
3. 중요한 핵심은 무엇이라 생각하나요?
4. 공부하면서 생각난 이야기 또는 질문이 있나요?
5. 설명이 더 필요한 내용이 있나요?

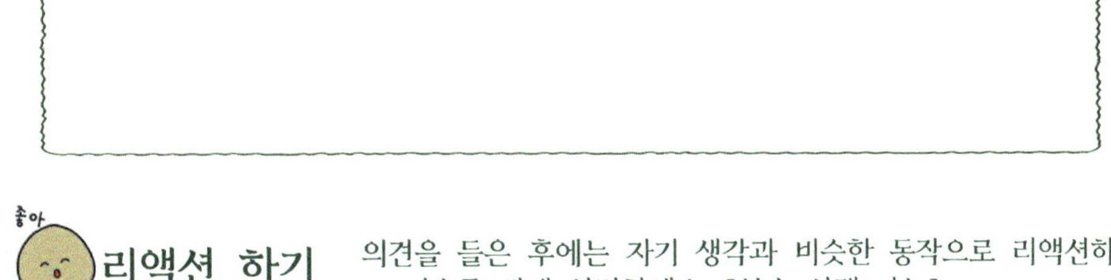

리액션 하기 의견을 들은 후에는 자기 생각과 비슷한 동작으로 리액션하고, 그 이유를 짧게 설명하세요. [복수 선택 가능]

	핵심을 정확히 설명했을 때		핵심만 간단히 설명하길 바랄 때
ok	내 의견과 비슷하다고 생각할 때	헐~	미처 생각하지 못한 것을 설명했을 때
	설명이 나에게 도움이 되었을 때	대박	설명을 듣다가 이해한 것이 생겼을 때
	듣다 보니 질문이 생길 때		발표 태도가 이전보다 개선됐을 때

교사 가이드

① 각자 2~3가지 질문을 선택하고 자기 생각을 발표합니다.

② 이해가 부족한 부분은 다시 질문하고 부연 설명합니다. 다른 학생의 의견을 먼저 듣는 것도 좋은 방법입니다.

* 청소년 등은 상황에 따라 [문해력 왕, 리액션 왕 뽑기-67p 참고]로 진행합니다.

◆ 짝과 함께 성경이 말하는 부활의 의미를 보여 주는 또는 그 반대 개념을 보여 주는 2~3개의 사진을 선택하고 의논 후 발표하세요.

◆ **성경적 개념 정의하기** – 짝과 함께 문장을 완성하세요.

성경에서 부활은

이다.

◆ **첫 번째 활동** – ① 관련이 있다고 생각하는 그림에 선을 연결합니다. 복수로 해도 됩니다.

※ **설명의 예시**

* 2번 사진처럼 살 수 없었던 우리가 예수님에게 접붙임 받아 영원히 살게 된 것이다.

* 부활은 7번 사진의 애벌레가 나비의 삶을 이해하지 못하는 것처럼 세상이 이해할 수 없는 일로 하나님과 함께 할 수 있는 존재가 된 것이다.

* 8번 사진처럼 부활은 성령이 함께함으로 인해 이 땅에서부터 누리는 축복이다.

◆ **두 번째 활동** – 성경적 개념 정의하기

① 각자 개인이 먼저 요약합니다. ② 학생이 응용하도록 교사가 자기 요약을 들려줍니다. ③다시 두 사람씩 짝이 되어 서로의 요약으로 자기 요약을 보완하고 발표합니다.

> ※ **요약의 예시**
> 성경에서 부활은 **육신의 소생을 넘어서 하나님과 함께하는 참 생명을 얻는 것이다.**

* 본 교재의 예시는 저자의 요약일 뿐입니다.
* 교사도 자기 요약을 만들고 발표하길 권합니다.

수고 많으셔요~~♥ 주님이 고마워하십니다♥

※ 단어의 정확한 뜻을 확인하며 천천히 읽으세요 ※

다시 에덴처럼....

부활은 기독교 신앙의 [87]핵심이다. 만약 예수님이 그저 십자가의 이슬로만 사라졌다면 커다란 문제가 발생했을 것이다. 사단은 예수도 다른 사람처럼 자기 죄로 죽었을 뿐이라며 우리의 죗값이 치러지지 않았다고 억지를 부렸을 것이다.

유대 제사장들은 3일 만에 부활한다고 했던 말이 거슬렸다. 제자들이 시체를 훔치고 예수님이 부활했다고 소문을 퍼트릴 것을 [88]염려했다. 제사잘들은 로마 총독에게 군사를 [89]요청해 무덤을 지켰다. 백부장이 [90]관여한 것으로 보아 적어도 100명 이상의 군인이 그 작은 무덤을 지켰을 것이다. 그토록 민감한 사건에서 로마군의 [91]감시를 피해 2톤에 가까운

---

87) 핵심(核 씨 핵, 心 마음 심)-사물의 가장 중심이 되는 부분.
88) 염려(念 생각 염, 慮 생각 려)-앞일에 대하여 여러 가지로 마음 써 걱정함
　　　　　　　　[참고-생각에 생각이 꼬리를 무는 것]
89) 요청(要 구할 요, 請 청할 청)-필요한 어떤 일이나 행동을 청함
90) 관여(關 빗장 여, 與 더불어 여)-어떤 일에 관계하여 참여함 [빗장-문을 가로질러 잠그는 막대]

학생용 교재 58page

돌문을 열고 시체를 훔친다는 것은 현실적으로 불가능한 일이다(마 27:62~66).

어떤 이는 죽은 것이 아니라 기절했거나 환상을 보았다고 한다. 죄수를 놓치면 자기 목숨을 내놓아야 하는 로마 군인이 어설프게 죽음을 확인할 일은 없다. 그들은 창으로 옆구리를 찌르고 쏟아지는 물과 피의 상태까지 확인했다(요19:32-34). 또 500명이 예수님을 동시에 보았다는 것은 부활이 환상이 아니라 오히려 사실임을 증명해 준다 (고전 15:6).

예수의 부활은 단순히 죽음을 이긴 한 사람의 이야기가 아니다. 믿는 자에게는 하나님과의 회복이며, 에덴처럼 다시 사랑하는 언약 관계가 열린 것이다. 그리스도의 부활은 이미 영적 92)승리가 이뤄졌음을 증명하는 깃발이며 하나님의 권능 아래 일상을 살게 만드는 실제적인 축복이다.

부활은 이 땅에서부터 누리는 은혜이다. 먼 훗날 주님이 다시 오실 때 육체가 부활하여 천국 가는 은혜가 아니다. 지금 이 땅에서부터 성령과 동행을 통해 누리는 놀라운 복이다. 하나님과 단절로 생겼던 모든 어둠이 물러가는 은혜이다.

우리에게 예수님은 증인이 되라 하신다. 이는 전도지를 나눠주고 사람들을 교회에 초대하라는 것이 아니다. 그 이상의 의미가 있다. 증인의 삶은 자기 맘대로 살고 싶어 했던 아담의 길을 버리고 말씀에 순종한 예수의 길을 따라 사는 것이

---

91) 감시(監 볼 감. 視 볼 시)-단속하기 위하여 주의 깊게 살핌
92) 승리(勝 이길 승. 利 날카로울 리)-겨루어서 이김

다. 태초에 하나님이 원래 [93]의도하셨던 삶이다.

하나님을 사랑하고 서로를 사랑하는 삶에는 성령이 함께 하신다. 세상이 그 놀랍고, 아름다운 삶을 보고 한 영혼이라도 더 주께로 돌아오게 하시려는 하나님의 계획이다.

부활을 믿는 자의 삶에 성령은 권능으로 함께 하신다(행 1:8). 죄는 하나님과의 단절을 가져왔지만, 그리스도의 부활은 하나님과 함께하는 놀라운 '그리스도의 의'이다.

교사 가이드

① 명확히 뜻을 모르는 단어는 한자의 뜻과 뜻풀이를 참고해 자기만의 표현으로 의미를 설명합니다.

③ 다 같이 천천히 하브루타 강단 글을 읽은 후 피드백합니다. * 상황에 따라 2~3번으로 나눠 읽은 후 피드백합니다.

※ 피드백 질문의 예시
* 예수님이 부활하지 않았다면 어떤 일이 생길 수 있다고 설명하나요?
* 예수의 부활을 믿지 못하는 의심은 무엇이 있나요?
* 이 땅에서 누리는 부활의 복은 무엇이 있나요?
* 부활을 믿는 사람은 어떻게 살아야 하나요?

---

93) 의도(意 뜻 의, 圖 그림 도)- 무엇을 하고자 하는 생각이나 계획. 또는 무엇을 하려고 꾀함

 **하브루타 활동 I** – 내용 이해 피드백 하기

◆ 2~3개 질문을 선택하고 자기 의견을 발표하세요.

1. 처음 알게 된 내용이 있나요?
2. 알고 있었지만 새롭게 다가온 내용이 있나요?
3. 중요한 핵심은 무엇이라 생각하나요?
4. 공부하면서 생각난 이야기 또는 질문이 있나요?
5. 설명이 더 필요한 내용이 있나요?

교사 가이드

① 제시된 질문에서 각자 2~3가지를 선택하고 자기 생각을 발표합니다. 발표 내용이 앞 사람의 의견이나 앞서 하브루타 강단을 읽고 나눈 내용과 겹쳐도 괜찮습니다. 자기표현으로 설명하는 것이 중요합니다.

※ **청소년 등을 위한 또 다른 피드백 방법**
*문해력 왕 뽑기
① 각자 질문을 하나씩 선택하고 그 질문에 대한 의견을 모두에게 듣고 ② 가장 마음에 든 의견을 선택합니다. (같은 질문을 선택한 사람이 둘 이상이면 각자 선택합니다) ③ 가장 많이 선택받은 사람이 오늘의 '문해력 왕'이 됩니다.
④ 모두 [○○○님을 뵙니다!]로 인사하고 박수로 축하합니다.

②이해가 부족한 부분이 있으면 다시 질문하고 설명해 줍니다. 이해한 다른 학생의 의견을 듣는 것도 좋은 방법입니다.

◆ 짝과 함께 부활을 설명하기 위해 꼭 필요한 단어(문장)와 부활을 믿는 성도에게 주시는 축복을 설명할 때 필요한 단어(문장)를 적고, 그 이유를 의논 후 발표하세요.

부활을 믿어야 하는 이유	부활을 믿는 성도가 누리는 축복

예시) 검증, 골수, 권능, 기절, 단절, 동행, 믿음, 보좌,
사랑, 사단, 생명, 성령, 아담의 길, 예수의 길, 이식, 영혼,
증인, 하나님, 화목, 환상, 제자

 **리액션 하기** 의견을 들은 후에는 자기 생각과 비슷한 동작으로 리액션하고, 그 이유를 짧게 설명하세요. [복수 선택 가능]

	핵심을 정확히 설명했을 때		핵심만 간단히 설명하길 바랄 때
	내 의견과 비슷하다고 생각할 때		미처 생각하지 못한 것을 설명했을 때
	설명이 나에게 도움이 되었을 때		설명을 듣다가 이해한 것이 생겼을 때
	듣다 보니 질문이 생길 때		발표 태도가 이전보다 개선됐을 때

◆ **첫 번째 활동 –** ① 가위바위보로 선택된 질문에 대해 한 사람의 의견을 들은 후 자기 의견을 발표합니다.

※ 발표 예시

*** 부활을 믿어야 하는 이유는 무엇인가?**

- 부활은 이해나 논증. 증명의 영역이 아니다. 인간이 아닌 하나님만이 하실 수 있으며 이를 믿는 것이 곧, 하나님을 믿고 구원을 믿는 것이다.

*** 부활을 믿는 성도가 누리는 축복은 무엇인가?**

- 부활하신 예수님이 우리에게 주신 약속이 보혜사 성령을 보내 주신 것이다. 죄가 있다면 하나님과 함께 할 수 없다. 성령 하나님이 함께하신다는 것은 곧 우리의 죄가 다 해결되었다는 증거이다. 예수님과 성령님은 우리 구원의 보증이며, 우리의 삶을 권능 있는 삶으로 만드신다. (행 1:8)

※ 청소년 등을 위한 또 다른 피드백 방법 –
*** 퀴즈 왕 뽑기**
① 각자 하브루타 강단에서 질문을 하나씩 선택하고 그 질문에 대한 의견을 모두에게 듣는다. ② 모두 마친 후 가장 마음에 든 질문을 동시에 지목하여 선택합니다. ③ 가장 많이 선택받은 사람이 오늘의 '퀴즈 왕'이 됩니다.
④ 모두 [OOO님을 뵙니다!]로 인사하고 박수로 축하합니다.

*** 또는** 문해력 왕 뽑기, 리액션 왕 뽑기 등 교사의 판단에 따라 진행합니다.

요약하고 기도하기

 ## 하브루타 활동 I - 말씀 다시 보기

◆ 밑줄이 누구를 말하는지 적고 그 이유를 설명하세요.

고린도전서 15장 14-21 [우리말성경]
[17]만일 그리스도께서 살리심을 받지 못하셨다면 여러분의 믿음도 헛되고 여러분은 여전히 자신의 죄 가운데 있고 [18]그리스도 안에서 잠든 사람들도[   ] 멸망했을 것입니다. [19] 만일 우리가 그리스도 안에서 가진 소망이 이 세상의 생명뿐이면 모든 사람들[   ] 가운데 우리가 가장 불쌍한 사람들일 것입니다. [20]그러나 이제 그리스도께서 죽은 사람들[   ] 가운데서 다시 살아나셔서 잠자는 사람들의 첫 열매가 되셨습니다. [21]한 사람으로[   ] 인해 죽음이 들어왔으니 한 사람으로[   ] 인해 죽은 사람들의 부활도 옵니다.

교사 가이드

① 짝과 '❶과 ❷'에 대해 생각나는 단어, 하브루타 강단 내용 등을 모두를 이야기한 후 ② 각자 정리하여 발표합니다.

※ 발표 예시

[17]만일 그리스도께서 살리심을 받지 못하셨다면 여러분의 믿음도 헛되고 여러분은 여전히 자신의 죄 가운데 있고 [18]그리스도 안에서 잠든 사람들도[믿음으로 구원받고 죽은 성도들] 멸망했을 것입니다. [19] 만일 우리가 그리스도 안에서 가진 소망이 이 세상의 생명뿐이면 모든 사람들[세상의 모든 사람들] 가운데 우리가 가장 불쌍한 사람들일 것입니다.[사실이 아닌 일에 인생을 바쳤으니 불쌍한 인생입니다] [20]그러나 이제 그리스도께서 죽은 사람들[죄로 죽은 모든 사람들] 가운데서 다시 살아나셔서 잠자는 사람들의 첫 열매가 되셨습니다. [21]한 사람으로[아담으로] 인해 죽음이 들어왔으니 한 사람으로[예수로] 인해 죽은 사람들의 부활도 옵니다.

◆ 짝과 함께 부활의 성경적 의미와 부활을 믿는 성도의 생활이 포함된 요약으로 통일하세요.

부활의 참 의미는 ＿＿＿＿＿＿＿＿＿＿＿＿＿＿＿＿＿이며, ＿＿＿＿＿＿＿＿＿＿＿＿＿＿＿ 부활은 신앙의 본질이다.

부활하신 예수님은 우리에게 ＿＿＿＿＿＿＿을 보내 주셨고, 부활을 믿으며 산다는 것은 ＿＿＿＿＿＿＿＿＿＿ 하는 삶을 말한다. 우리의 삶 속에 성령의 역사는 예수의 부활을 증명한다.

교사 가이드

예배가 이방 종교와 다른 점과 예배의 성경적 의미와 예배의 잘못된 모습이 포함되도록 요약하는 것이 중요합니다. ① 교사는 1~2분간은 관여하지 말고 학생이 개별적으로 먼저 스스로 요약하게 하고 ② 잠시 후 교사가 자기 요약을 읽어 줍니다. ③ 다시 두 사람이 짝이 되어 서로의 요약을 참고하여 자기 요약을 보완하거나 하나의 통일된 요약을 만든 후 ④ 전체 앞에서 각자 발표합니다.

※ 요약의 예시

부활의 참 의미는 육체의 소생을 넘어서 하나님과 함께 하는 것이다. 예수님은 부활하셨고 우리도 부활하게 하기에 신앙의 본질이다. 부활하신 예수님은 우리에게 성령을 보내 주셨고 부활 믿음으로 산다는 것은 성령님과 동행하며 그리스도의 증인으로 사는 삶을 말한다. 그러기에 우리들의 삶 속에 성령의 역사가 나타나는 것은 역으로 예수님의 부활을 증명한다.

부활을 믿는 나는 믿음으로 늘 성령님과 함께하는 신앙이어야 한다.

 ## 하브루타 활동 Ⅲ – 작은 기도 부흥회

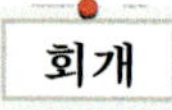 자신을 돌아보고 앞으로 하지 말아야 할 일들을 나누세요.

1) 부활을 인간의 논리로만 판단했던 나의 모습은?

____

2) 성령님을 의식하지 못한 채 멋대로 살던 모습은?

____

3) 예수의 증인과는 상관없이 살아온 나의 모습은?

____

교사 가이드

① 교사가 다양한 예시를 이야기해 주고 비슷한 사례나 주변 모습을 이야기합니다. ④ 나온 내용 중에서 비슷한 자기 모습을 발표합니다. 교사가 먼저 자기 모습을 나눕니다.

※ 예시

1) 부활을 인간의 논리로만 판단했던 나의 모습은?
 * 부활을 이야기하지만, 정작 나도 그 의미를 모른다.
 * 부활은 과학적 논리성이 떨어진다고 믿지 않았다.
 * 예수님의 다른 것은 믿지만, 부활은 받아들이지 못한 모습

2) 성령님을 의식하지 못한 채 멋대로 살던 모습은?
 * 잘못 하고도 기도하지 않는 내 모습
 * 성령님이 함께 한다는 것을 모르고 힘들면 불평하는 모습
 * 교회 밖에서는 하나님을 잊고 사는 것

3) 예수의 증인이 되는 것과 상관없이 살아온 나의 모습은?
 * 교회에서만 믿는 것 같고 일상에서는 반대로 행동하는 모습
 * 전도하지 않는 나의 모습
 * 항상 내 관심 뿐이고 예수님은 뒷전인 모습

 내 힘으로 할 수 없기에 하나님의 도움이 필요한 일을 나누세요.

1) 예수님 부활의 참 의미를 영혼으로 알게 하소서!
2) 성령 안에서 예수 부활의 증인이 되게 하소서!
3) 기타 _______________________________________

교사 가이드

제시된 내용이 왜 중요한지 의견을 나눕니다. 제시된 내용과 반대면 어떤 일이 일어날지 생각하는 것도 좋은 방법입니다.
※ 예시
1) 예수님 부활의 참 의미를 온 영혼으로 알게 하소서!
 * 부활이 믿지 않는다면 구원도 성령의 권능도 없다.
2) 성령 안에서 예수 부활의 증인이 되게 하소서!
 * 하나님 앞에 서는 날 당당하고 기쁨으로 서기 위함이다.

 각오나 다짐이 아닌 확인 가능한 실천을 나누세요.

____

____

교사 가이드

⑤각오와 다짐보다 말과 행동을 확인할 수 있어야 합니다.
※ 예시 - 내 삶을 성령이 사용하도록 기도하겠다.

#. 나눔 후, 스마트폰 등을 사용하여 찬양과 함께
서로 손을 맞잡고 큰 소리로 기도하세요.

학생용 교재 63page

작은 이야기

"열심히 헌신했더니 하나님께서 이렇게 자녀에게 복을 주셨습니다." 자녀를 모두 외국 유명 대학에 보낸 어느 사모님의 간증이다. 나도 그런 가장이 되고 싶었다. 모델 같은 가정! 예수 닮은 가정! 그것이 그때부터 내 제목이 되었다. 자녀에게 복 주실 것을 기대하며, 비록 어렵고 힘들었지만, 긴 세월을 묵묵히 견뎌냈다.

하지만 현실은 반대였다. 일은 파산하고 아이들은 충격과 상처로 방황했으며 나날이 비뚤어져만 갔다. 자랑은 고사하고 창피해서 고개를 들 수조차 없었다. 괴로운 날들의 연속에 가정은 어느덧 만신창이가 되어버렸다.

"하나님! 어떻게! 제가 무엇을 그리 잘못했길래!"
주님은 대답이 없었다. 그러던 어느 날 기도 중에 예수님께서 나타나셨다. 그리고 한마디 말도 없이 조용히 내게서 등을 돌리셨다.

"원망하고 불평한다고 이제 등까지 돌리시는군!"

말없이 옷을 벗으시고 채찍 자국으로 가득한 등을 보이시자 그 순간 그 모든 것이 이해되었다.
"주님. 우리처럼 아픈 가정에 위로와 소망을 전하는……"

세상 욕심을 십자가에 못 박고 다시 살아났다. 그렇게 소리 없이 뜨거운 눈물이 흘러 내렸다.

다시 오심

진도 보다 내용을 이해할 수 있도록 충분히 이야기 나누세요.

사도행전 1장 10-11절

[개역 개정]
10 올라가실 때에 제자들이 자세히 하늘을 쳐다보고 있는데
흰 옷 입은 두 사람이 그들 곁에 서서
11 이르되 갈릴리 사람들아 어찌하여 서서 하늘을 쳐다보느냐
너희 가운데서 하늘로 올려지신 이 예수는
하늘로 가심을 본 그대로 오시리라 하였느니라

[현대어 성경]
10 그들이 예수께서 승천하시는 모습을 한없이 바라보고 있는데
갑자기 흰옷을 입은 두 사람이 그들 곁에 나타나서
11 말하였다. '갈릴리 사람들아. 왜 여기 서서 하늘만 쳐다보고 있느냐?
예수께서는 하늘로 올라가셨다.
그러나 훗날 그분은 올라가시던 그대로 다시 오실 것이다.'

성서 배경

로마제국의 황제 숭배가 공식화된 후 더욱 심해진 교회 핍박은 상상을 초월했다. 붙잡힌 성도는 원형 경기장에서 굶주린 사자에게 찢겨야 했다. 성도들끼리 칼을 들고 검투사처럼 서로를 죽이게 하고 거부하면 불에 태우는 등 온갖 만행을 저질렀다. 로마 사람들은 그 모든 것을 유흥으로 즐기는 잔인함을 보였다. 성도들은 살기 위해 땅속 무덤의 미로 속으로 숨어야만 했다.

초대 교회는 유대인들의 방해 또한 동시에 견뎌야만 했다. 거짓 교사와 이단으로 인한 어려움도 커다란 위협이었다. 이 모든 고난을 기길 수 있는 힘은 그리스도가 다시 오신다는 믿음이었다. 핍박 속에서도 그리스도의 재림은 희망 그 자체였다. 초대 교인은 단지 살기 위해 카타콤 속으로 들어간 것이 아니었다. 믿음을 지키고 복음을 전하기 위해서였다.

① 명확히 뜻을 모르는 단어를 살펴본 후 ② 의미를 생각하며 성경 구절을 천천히 읽습니다. [현대어 성경]은 이해를 위해 참고하고 암송은 [개역 개정]으로 합니다.

※ 함께 살펴볼 단어 예시

 * 상급 – 賞 상줄 상; 상을 주다, 기리다

   給 넉넉할 급; 넉넉하다, 더하다

 * 상급의 성경적 개념– 복음을 위해 수고한 이에게 하나님 나라에서 주시는 은혜이다. 상급을 재물이나 물질적인 보상이 아니다. 믿는 자는 영광스러운 몸으로 변하고(고전 15:51~53) 천국은 모든 것이 충만하기에 재물은 의미가 없다. 상급이 무엇인지는 정확히 알 수는 없지만, 이 땅에서 짐작하고 헤아릴 수 없는 놀라운 하나님의 은혜이다.

🗨 성서 배경

읽은 후 평소 몰랐던 내용이나, 새롭게 다가오는 내용이 있는지 피드백합니다.

* 피드백 질문의 예시

 1) 지금과 다른 1세기의 모습을 어떻게 설명하나요?
 2) 초대 교회가 타 종교의 사람과 다른 모습은 무엇인가요?

오늘도 화이팅입니다!
성령이 함께하십니다! ♥

※ 단어의 정확한 뜻을 확인하며 천천히 읽으세요 ※

이천 년 전의 모습으로

부활 후 40일째에 예수님은 500명이 지켜보는 가운데 하늘로 올라가셨다. [94)]넋을 잃고 바라보는 제자들에게 흰옷 입은 두 천사는 예수님은 올라가신 모습 그대로 다시 오실 것이라고 했다.

예수님은 세상을 다스리는 왕으로 다시 오신다. 그런데 왜 화려한 왕의 모습이 아니라 올라가신 그 모습대로 오시는 것일까? 이유는 2천 년 전 십자가에서 죽으시고 부활하신 예수님이라는 사실이 분명히 드러나야 하기 때문이다.

행1:11 [현대어성경] '갈릴리 사람들아, 왜 여기 서서 하늘만 쳐다보고 있느냐? 예수께서는 하늘로 올라가셨다. 그러나 훗날 그분은 올라가시던 그대로 다시 오실 것이다.'

---

94) 넋-1. 사람의 몸에 있으면서 몸을 거느리고 정신을 다스리는 비물질적인 것.
　　　2. 정신이나 마음.

학생용 교재 *67page*

95)이단은 그리스도의 96)재림을 이용하여 수 많은 사람들을 속인다. 그들의 주장처럼 예수님은 영으로 오셔서 97)교주의 몸에 들어가는 일 따위는 없다. 그런 무당 98)신내림처럼 예수님은 오시지 않는다. 성경과도 맞지 않다. 예수님도 자기가 예수라고 99)사칭하는 자가 많이 나타날 것을 경고하셨다. (마24:5)

예수님은 이단의 주장처럼 100)추종자만 알도록 101)은밀히 오지 않는다. 누구나 알아볼 수 있도록 구름 타고 거대한 나팔 소리와 함께 오신다. 심지어 예수를 대적하는 사람들도 부인할 수 없게 오신다(계1:7, 살전4:16). 예수님은 믿는 자나 믿지 않는 자 모두가 분명히 알아보도록 오실 것이다.

성경은 재림 날짜를 계산하고 징조 찾는 데에 시간을 허비하며 힘쓰지 말라고 가르친다. 그 날짜는 102)연구한다고 알 수 있는 것도 아니다. 바울은 그날이 도적 같이 올 것이라 했다. 오직 하늘에 계신 아버지만 아신다(마24:36). 우리가 집중하고 힘써야 할 일은 따로 있다. 숙제 안 한 학생처럼 안테나

---

95) 이단(異 다를 이, 端 끝 단)-자기가 믿는 이외의 도
96) 재림(再 두 재, 臨 임할 임)-1. 다시 옴.　　2.기독교 세상의 마지막 날에 그리스도가 세상을 심판하기 위하여 다시 이 세상에 나타난다는 일.
97) 교주(敎 가르칠 교, 主 주인 주)-1. '석가모니'를 높여 이르는 말
　　　　2. 어떤 종교나 종파를 처음 세운 사람.　　3. 한 종교 단체의 우두머리.
98) 신내림-무당이나 박수의 운명을 타고난 사람에게 신이 붙는 일.
99) 사칭(詐 속일 사, 稱 일커를 칭)-이름, 직업, 나이, 주소 따위를 거짓으로 속여 이름
100) 추종자(追 좇을 추, 從 좇을 종, 者 놈, 자)-어떤 사람의 권력이나 주장, 학설 따위를 좇아서 따르는 사람. [참고; 놈-남자'를 낮잡아 이르는 말]
101) 은밀(隱 숨길 은, 密 빽빽할 밀)- 숨어 있어서 겉으로 드러나지 아니함
102) 연구(研 갈 연, 究 연구할 구)-어떤 일이나 사물에 대하여서 깊이 있게 조사하고 생각하여 진리를 따져 보는 일

를 바짝 세우고 살 필요가 없다. 혹시 들림 받지 못할까 봐 걱정할 필요도 없다. 그날은 우리가 가는 것이 아니라 주님이 우리에게 오시는 날이다.

중요한 것은 날짜가 아니다. 어떻게 주님을 맞이할 것인지다. 부끄럼 없이 맞이할 것인지 맡긴 사명에 [103]충실하지 못한 부끄러운 모습으로 만날 것인지가 중요하다. 평소 주어진 사명에 충실하게 살아야 한다.

교사 가이드

① 명확히 뜻을 모른 단어를 찾고 한자의 뜻과 표준국어대사전 뜻풀이를 참고하여 자기만의 방법으로 설명합니다.

③ 내용을 생각하며 천천히 [하브루타 강단 1]을 읽고 교사는 질문으로 피드백합니다. * 하브루타 강단은 교사의 판단에 따라 두 번으로 나눠 읽어도 좋습니다.

※ 피드백 질문의 예시
  * 예수님은 왜 승천하실 때 모습으로 다시 오신다고 설명하나요?
  * 안티크리스천을 비롯해 누구나 알아볼 수 있게 오시는 모습을 성경은 어떻게 설명하나요?
  * 다시 오실 주님을 믿는 성도의 올바른 자세는 어때야 한다고 설명하나요?

---

103) 충실(充 찰 충. 實 열매 실)-내용이 알차고 단단함

 ## 하브루타 활동 1 – 내용 이해 피드백 하기

◆ 2~3개 질문을 선택하고 자기 의견을 발표하세요.

1. 처음 알게 된 내용이 있나요?
2. 알고 있었지만 새롭게 다가온 내용이 있나요?
3. 중요한 핵심은 무엇이라 생각하나요?
4. 공부하면서 생각난 이야기 또는 질문이 있나요?
5. 설명이 더 필요한 내용이 있나요?

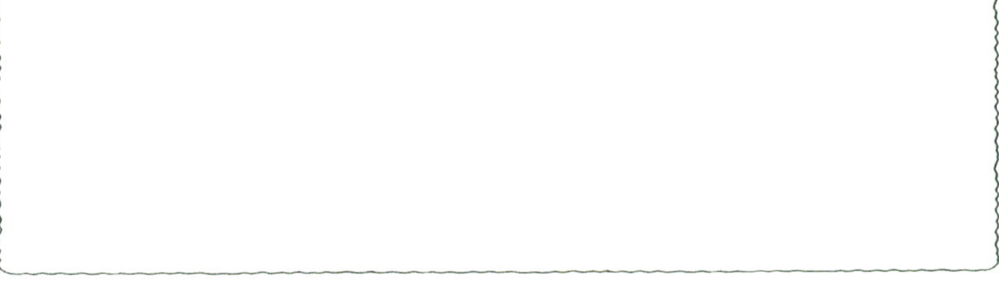

교사 가이드

① 각자 2~3가지 질문을 선택하고 그에 대한 자기 생각을 발표합니다.

※ 청소년 등을 위한 또 다른 피드백 방법 –
* 퀴즈 왕 뽑기
① 각자 하브루타 강단에서 질문을 하나씩 선택하고 그 질문에 대한 의견을 모두에게 듣는다. ② 모두 마친 후 가장 마음에 든 질문을 동시에 지목하여 선택합니다. ③ 가장 많이 선택받은 사람이 오늘의 '퀴즈 왕'이 됩니다.
④ 모두 [OOO님을 뵙니다!]로 인사하고 박수로 축하합니다.

* 또는 교사의 판단에 따라 '문해력 왕 뽑기', '리액션 왕 뽑기' 중에서 진행해도 좋습니다. -67p 참고-

◆ 짝과 함께 이단에 빠지는 이유를 보여 주는 사진 2장을 선택하고 그 이유를 의논 후 발표하세요.

◆ 성경적 개념 요약하기 – 짝과 함께 문장을 완성하세요.

예수님은   모습으로 다시 오시며

그 이유는   이다.

리액션 하기

의견을 들은 후에는 내 생각과 비슷한 동작으로 리액션하고, 그 이유를 짧게 설명하세요. [복수 선택 가능]

핵심을 정확히 설명했을 때	핵심만 간단히 설명하길 바랄 때
내 의견과 비슷하다고 생각할 때	미처 생각하지 못한 것을 설명했을 때
설명이 나에게 도움이 되었을 때	설명을 듣다가 이해한 것이 생겼을 때
듣다 보니 질문이 생길 때	발표 태도가 이전보다 개선됐을 때

◆ **첫 번째 활동** – ① 짝과 함께 이단에 빠지기 쉬운 이유를 담고 있다고 생각하는 사진을 선택하고 설명합니다.

※ 설명의 예시

* 9번 사진 – 마음의 상처 등으로 인해 교제하지 않으면 생각에 생각이 꼬리를 물고 더욱 부정적 감정과 자기 생각에 갇혀 교제가 어려워진다.

* 2번 사진 – 세상에서 물질적 어려움으로 인한 마음의 아픔과 욕심이 있으면 신앙을 통해 대리 만족하려는 마음이 생기게 되고 쉽게 이단 속임수에 넘어가게 된다.

* 5번 사진 – 스스로 질문하며 성경의 참뜻을 공부하지 않으면 맹목적 믿음에 빠져 이단에 빠지기 쉽다.

* 4번 사진 – 말씀에서 확인하는 습관 없이 교회에 오래 다닌 사람의 말이나 권위가 있는 사람의 말을 무조건 믿으면 이단에 빠질 위험이 많다.

◆ **두 번째 활동** – 성경적 개념 정의하기

짝과 함께 제시된 내용에 관련 있는 단어, 하브루타 강단 내용 등 생각나는 모든 것을 이야기한 후 각자 요약합니다. 학생이 요약하는 동안 교사가 자기 요약을 자연스럽게 소개합니다.

※ 요약의 예시

예수님은 **구원을 완성하기 위해 2천 년 전 십자가에** 못 박히고 부활하신 분이라는 사실을 누구나 알 수 있는 모습으로 다시 오신다. 그 이유는

* 본 교재의 예시는 저자의 요약일 뿐입니다.
* 교사도 자기 요약을 만들고 발표하길 권합니다.

※ 단어의 정확한 뜻을 확인하며 천천히 읽으세요 ※

부끄럼 없는 그날을 위해

재림 날짜와 [104]징조에 집착하는 사람도 있지만 무관심한 사람도 많다. 어떤 사람은 2천 년이 지났는데 안 오시는 것을 보니, 아직 멀었다고 생각한다. 그러나 하나님은 한 사람이라도 더 구원받기를 기다리는 것이다.

벧후 3:9 [현대어성경] 비록 때로는 주께서 다시 오신다는 약속이 좀처럼 실현되지 않고 너무도 지연되는 것처럼 보일지 모르지만, 사실 주께서 공연히 날짜를 연기하고 계시는 것은 아닙니다. 주께서는 단 한 사람도 멸망당하지 않게 하시려고 죄인들이 모두 회개하고 돌아오기를 참고 기다리는 것입니다.

예수님이 재림하면 전도의 문은 완전히 닫힌다. 그날이 되면 믿는 자와 불신자 모두가 무덤에서 다시 일어나게 된다. 불신자는 [105]심판을 받고 영원한 고통의 형벌로 들어가고 믿

---

104) 징조(徵 부를 징. 兆 조짐 조)- 어떤 일이 생길 기미
105) 심판(審 살필 심. 判 판단할 판)-1. 어떤 문제와 관련된 일이나 사람에 대하여 잘잘못을 가려
       결정을 내리는 일. 2. 하나님이 인간과 세상의 죄를 제재함. 또는 그런 일.

는 자는 하나님의 잔치에 참여하게 된다.
요한복음 5:29 [현대어성경] 그때가 오면 선한 일을 한 사람들은 다시 살아나서 영원한 생명의 나라로 들어가고, 악한 일을 저지른 자들은 다시 살아나서 심판을 받게 될 것이다.

예수님은 백 년 후, 천 년 후에 오실 수도 있다. 그러나 주의 깊이 생각해야 할 것은 그날을 위해 일할 수 있는 시간은 누구나 많지 않다는 것이다. 많아야 몇십 년에 불과하다. 성경에서 하나님은 우리의 삶을 계수한다고 하신다. 언제 오시는가 보다 어떻게 만날 것인가를 생각해야 한다.

사도 바울은 마지막 때가 될수록 사람들은 하나님보다 자기를 사랑하고, 아담처럼 자기 마음대로 살 것이라 했다. 말로는 하나님을 사랑하지만 106)경건은 그럴싸한 107)장식일 뿐 속마음은 세상 108)욕심으로 가득할 것이라 경고한다.

기독교인은 자기 109)행복을 위해 사는 사람이 아니다. 하나님을 만나면 주의 사랑과 권능이 우리 영혼에 스며든다. 그 힘은 우리가 하나님을 경외하고 이웃을 사랑할 수 있게 한다.

교회 생활을 열심히 해도 이웃이 보이지 않고 관심이 오직 자신에게만 있다면 그는 하나님을 만난 적이 없거나 신앙에 병이 든 것이다. 정말로 하나님을 만나 그 사랑을 경험했다면 그럴 수 없다. 하나님의 사랑은 우리 안에 믿음이 생기게 만들고 이 땅의 것을 110)초월하게 한다. 예수를 전하고 싶고 그가 주님을 만나기 바라는 마음으로 가득하게 된다.

---

106) 경건(敬 공경할 경. 虔 정성 건)-공경하며 삼가고 엄숙함
107) 장식(粧 단장할 장. 飾 꾸밀 식)-액세서리 따위로 치장함. 또는 그 꾸밈새
108) 욕심(欲 하고자 할 욕. 心 마음 심)-분수에 넘치게 무엇을 탐내거나 누리고자 하는 마음
109) 행복(幸 다행 행. 福 복 복)-1. 복된 좋은 운수.   2. 충분한 만족과 기쁨을 느끼어 흐뭇함
110) 초월(超 넘을 초. 越 넘을 월)-어떠한 한계나 표준을 뛰어넘음

　　한 가지 염두 할 것은 그 마음이 자동으로 계속되지는 않는다. 지속적으로 하나님을 만나지 않으면 그 사랑은 서서히 약해지고 고갈된다. 교회와 함께 말씀을 배우고 예배와 기도를 통해 지속적으로 주님과 교제하며 채워져야 한다.

　　생활의 필요를 위해 기도하는 것은 당연하지만 그것이 신앙생활을 하는 중심이 돼서는 안 된다. 신앙의 중심은 썩어지고 사라질 것보다, 그날에 부끄럼 없도록 하늘의 것을 바라보며 성령과 동행하며 살아야 한다. 기독교인은 주의 111)상급을 바라보며 사는 사람들이다.

교사 가이드

① 명확히 설명하기 힘든 단어는 한자의 뜻과 뜻풀이를 참고하여 자기 방식으로 의미를 설명합니다.

※ 성경적 개념을 알아야 할 단어

* 심판 – 예수님이 오시면 믿는 사람과 믿지 않는 사람 모두의 육신이 부활한다. 믿는 자는 예수님께서 이미 십자가에서 우리를 대신해 심판을 받았기에 곧바로 하나님의 잔치에 참여하지만 믿지 않는 자는 심판을 받아 영원한 형벌을 받게 된다.

③ 내용을 생각하며 천천히 글을 읽습니다. 교사의 판단에 따라 [하브루타 강단 2]를 두세 번으로 나눠 읽습니다.

※ 피드백 질문의 예시

1) 예수님이 아직 오지 않는 이유를 무엇이라 설명하나요?
2) 내가 하나님을 위해 일할 수 있는 시간은 얼마나 될까요?
3) 바울이 말한 마지막 때 사람들의 모습은 어떠하나요?
4) 건강한 신앙생활 자세를 어떻게 설명하나요?

---

111) 상급(賞상줄 상, 給넉넉할(베풀) 급)-상으로 줌. 또는 그런 돈이나 물건

하브루타 활동 1 – 내용 이해 피드백 하기

◆ 2~3개 질문을 선택하고 자기 의견을 발표하세요.

1. 처음 알게 된 내용이 있나요?
2. 알고 있었지만 새롭게 다가온 내용이 있나요?
3. 중요한 핵심은 무엇이라 생각하나요?
4. 설명이 더 필요한 내용이 있나요?

 교사 가이드 

① 각자 2~3가지 질문을 선택하고 그에 대한 자기 생각을 발표합니다.

※ 청소년 등을 위한 또 다른 피드백 방법 –
* 퀴즈 왕 뽑기
① 각자 하브루타 강단에서 질문을 하나씩 선택하고 그 질문에 대한 의견을 모두에게 듣는다. ② 모두 마친 후 가장 마음에 든 질문을 동시에 지목하여 선택합니다. ③ 가장 많이 선택받은 사람이 오늘의 '퀴즈 왕'이 됩니다.
④ 모두 [OOO님을 뵙니다!]로 인사하고 박수로 축하합니다.

* 또는 교사의 판단에 따라 '문해력 왕 뽑기', '리액션 왕 뽑기' 중에서 진행해도 좋습니다. -67p 참고-

◆ 예수님을 만났을 때를 상상하고 그때의 2가지 이상 감정을 눈 모양과 입술 모양 등으로 표현하고, 아래 감정 단어와 함께 상황을 설명하세요.

믿음의 성도가
느끼는 감정?

성도를 향한
예수님의 감정?

[믿음의 사람]

불신자가
느끼는 감정?

불신자를 보는
예수님의 감정?

[불신자]

[표정의 예시]

섬뜩하다, 감격하다, 흐뭇하다, 울부짖다,
분노하다, 단호하다 속시원하다, 서럽다, 고맙다,
차갑다, 분통터지다, 감사하다. 벅차다, 처량하다,
두렵다, 즐겁다, 눈물겹다

◆ **첫 번째 활동** – ① 학생들은 감정을 한 가지만 그리는 경우가 많습니다. 하지만 감정은 복합적입니다. 교사가 선택한 복수의 감정을 말해주세요. 단어를 선택하고 눈과 입술 모양으로 감정을 표현하고 그 이유를 설명합니다. 교재에 없는 감정 단어도 생각하게 합니다. 색연필을 준비하고 색으로 감정을 표현해도 좋습니다.

※ 예시

믿음의 성도가
느끼는 감정?
구원의 기쁨도
있지만,
구원받지 못한
가족을
생각하면
마음이 아프다.

성도를 향한
예수님의 감정?
어려운 세상을
이기고 믿음을
지킨 나를 보며
눈물겨워
기뻐하실
것이다

[믿음의 사람]

불신자가
느끼는 감정?
심판이
두렵지만
크게 잘못한
것도 없다며
억울해할
것이다.

불신자를　보는
예수님의 감정?
끝까지 반성
없는 자를 보며
차갑게
분노하실
것이다.

[불신자]

② 발표한 사람에게 모두 리액션하고 그렇게 한 이유를 설명합니다. 상황에 따라 의견을 더 주고받습니다.

* 교사의 판단에 따라 [문해력 왕 뽑기-69p 참고]로 진행해도 됩니다.

너무너무 수고하셨어요.
오늘은 차 한 잔의 행복을 누리세요.

세 번째 만남
요약하고 기도하기

하브루타 활동 1 – 말씀 다시 보기

◆ 짝과 함께 밑줄의 의도를 정리 후 발표하세요.

사도행전1:11[우리말 성경] "갈릴리 사람들아, 왜 여기 서서 하늘만 쳐다 보고 있느냐? 너희 곁을 떠나 하늘로 올라가신 이 예수는 하늘로 올라 가시는 것을 **너희가 본 그대로 다시 오실 것이다**"라고 말했습니다.

요한계시록1:7[우리말성경] 보십시오. 그분이 구름을 타고 오십니다. 각 사람의 눈이 그분을 볼 것이며 **그분을 찔렀던 사람들도 볼 것이며 땅의 모든 민족이 그분으로 인해 통곡할 것입니다.** 반드시 그렇게 될 것입니다. 아멘.

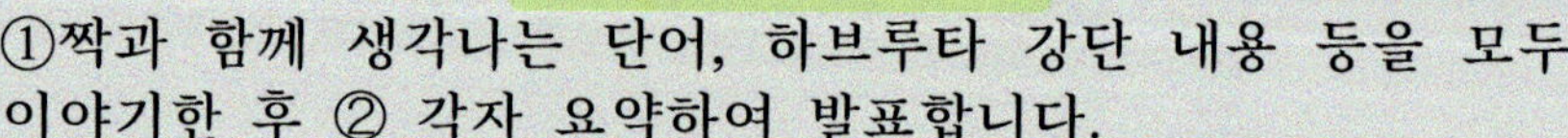

교사 가이드

①짝과 함께 생각나는 단어, 하브루타 강단 내용 등을 모두 이야기한 후 ② 각자 요약하여 발표합니다.

※ 예시

❶ 너희가 본 그대로 다시 오실 것이다

-> 스스로 예수라고 속이는 자가 나올 것을 아시고 2천 년 전 십자가에 못 박히고 부활하신 예수님이라는 사실이 분명 히 드러나게 오실 것을 알린 것이다.

❷ 그분을 찔렀던 사람들도 볼 것이며 땅의 모든 민족이 그분으로 인해 통곡할 것입니다.

-> 예수님은 이단의 주장처럼 추종자들만 알아보도록 오 지 않는다. 예수님을 대적한 자를 포함하여 모두가 알아볼 수 있도록 오실 것이다. 그때가 되면 구원의 기회를 놓친 자들은 후회와 통곡밖에 없다.

◆ 짝과 함께 다시 오실 예수님의 모습과 그 이유, 또 그날을 기다리는 성도의 바람직한 모습이 포함되도록 요약하세요.

예수님은 ______________________________하기 위해

______________________________한 모습으로 다시 오신다.

다시 오실 예수님을 믿는 우리는 ________________________

________________________ 살아야 한다.

교사 가이드

① 먼저 각자 문장을 완성합니다. ② 학생이 요약하는 동안에 교사는 자기 요약을 읽어 줍니다. ③ 어느 정도 완성했다 싶으면 두세 사람씩 짝을 이뤄 서로의 요약을 참고하여 자기 요약을 보완합니다. 또는 다시 짝과 하나의 통일된 요약을 만든 후 ④ 발표는 팀이 아닌 개인으로 합니다.

※ 요약 예시

우리의 구원을 완성하고 영원히 함께하기 위해 다시 오실 예수님은 모두가 2천 년 전 십자가에 못 박히시고 부활하신 분이라는 것을 알 수 있는 모습으로 오신다. 다시 오실 예수님을 믿는 우리는 주어진 일에 충성하며 그리스도의 증인으로 살아야 한다. 그날에 착하고 충성된 종의 모습으로 서려면 나는 주님과 동행함으로 그리스도가 드러날 수 있는 삶을 살아야 한다.

 ## 하브루타 활동 Ⅲ – 작은 기도 부흥회

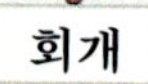
회개 자신을 돌아보고 앞으로 하지 말아야 할 일들을 나누세요.

1) 다시 오실 예수님에 대해 무관심한 나의 모습은?

____

2) 이기적이고 이 땅의 축복만 집중했던 나의 모습은?

____

3) 기타 ____

교사 가이드

① 교사가 다양한 예시를 말해줍니다. ② 주변 모습이나 비슷한 사례를 생각나는 대로 말합니다. ③ 나온 내용 중에서 자신과 비슷한 점을 발표합니다. 교사가 먼저 모범으로 자기 모습을 이야기합니다.

※ 예시

1) 다시 오실 예수님에 대해 무관심한 나의 모습은?
 * 나의 기도는 항상 현재의 어려움에 관한 것뿐이었다.
 * 예수님이 중요하게 생각하는 것이 무엇인지 생각하지 않았다.
 * 재림은 아직 먼 이야기라고 생각했기에 전도에 무관심했다.

2) 이기적이고 이 땅의 축복만 집중했던 나의 모습은?
 * 하나님이 원하는 일은 관심도 없으면서 나에게 어려움이
   생기면 불평하고 교회에 열심히 나와도 소용없다고 생각했다.
 * 결석 등으로 빠져도 다른 사람의 입장과 마음은 생각하지
   않았다.

학생용 교재 **76page**

 내 힘으로 할 수 없기에 하나님의 도움이 필요한 일을 나누세요.

1) 그날에 부끄러움 없도록 주신 사명 감당하게 하소서!
2) 말씀 위에 견고히 세워진 신앙인으로 살게 하소서!
3) 기타 ______________________________

교사 가이드

제시된 내용이 왜 중요한지 의견을 나눕니다. 반대가 되면 어떤 일이 일어날지 생각해 보는 것도 좋은 방법입니다.

※ 예시

1) 그날에 부끄러움 없도록 주신 사명 감당하게 하소서!
 * 이 땅에서 풍족하고 편안한 삶만 추구하며 산다면 그날에 부끄러움이 너무 클 것이다. 잠깐을 위해 영원을 희생하지 말아야 한다.
2) 말씀 위에 견고히 세워진 신앙인으로 살게 하소서!
 * 말씀 위에 견고하지 않으면 수시로 흔들리고 가족의 신앙에도 좋은 영향을 주지 못할 것이다.

 각오나 다짐이 아닌 확인 가능한 실천을 나누세요.

____

____

교사 가이드

⑤ 각오, 다짐보다는 말, 행동으로 확인할 수 있어야 합니다.
※ 예시 – 교우와 함께하는 봉사 및 모임에 동참하겠다.

교사 가이드

❻ 기도할 때는 스마트폰 등을 활용해 찬양을(예; 유튜브) 배경으로 크게 틀고, 작은 부흥회라는 마음으로 손을 맞잡고 간절히 소리 내어 기도합니다.

❼ 마지막은 반드시 교사의 축복 기도로 마칩니다. 이때 학생 이름을 한 사람 한 사람 언급하며 기도합니다.

❾ 모두 마친 후에는 하이 파이브나 포옹 등으로 마무리합니다. 다만 이성 간의 포옹은 가족이 아닌 경우에는 조심합니다.

정말 정말 수고 많으셨어요.
하나님의 축복이 함께 하실 것입니다.

작은 이야기

"목사님! 아들이 마약으로 교도소에 있는데 자꾸 죽고 싶다고 해서 너무 불안해요. 끊었다가도 친구들이 불러내면 또... 결국 아들만 붙잡혀 갔어요. 아들 친구들을 거리에서 보면 너무 원망스럽고 화가 납니다." 카자흐스탄에서 집회 중 어느 나이 지긋한 여자 성도가 말을 걸어왔다.

"저도 아드님을 위해 기도하겠습니다. 하지만 우리 관심이 나와 내 가족이 전부라면 세상 사람들과 무엇이 다를까요? 우리는 달라야 합니다. 주님 오시는 날에 부끄러움이 없도록 살아야만 합니다."

"그럼 뭘 어떻게 해야 하나요?"

"먼저 아들이 교도소에 있는 것도 감사하세요. 그리고 어렵겠지만 아들 친구들을 불쌍히 여기시고 그들에게 작은 사랑을 베푸실 수 있었으면 합니다. 그것이 주님이 기뻐하시는 일이고 뜻이니까요." 그분은 크게 한숨을 쉬며 자리로 돌아갔다. 나는 자기 짐도 가득한 사람들에게 자기 십자가까지 져야만 한다는 잔인한 설교를 했다.

집회가 끝나고 그 여자 성도가 다시 찾아왔다. "아들은 하나님께 맡기기로 했습니다. 생각해 보니 집에 있었다면 더 중독됐을 거예요. 하나님 손에 맡기고 아들의 친구들을 데려다가 따뜻한 밥 한끼 차려 주는 것을 시작으로 저의 십자가를 져 보겠습니다."

주바라기

정말 정말 수고 많으셨습니다.

주님도

복음을 위해 사는 '우리바라기'이십니다.

공부하면서 받은 은혜를 다윗처럼
'시'를 지어 하나님께 드려보세요.

하브루타 도서 및 성경 공부 공과

 두란노 출판

성경 하브루타를 처음 하는 분을 위한 워크북

통합세대용 복음 하브루타 공과

   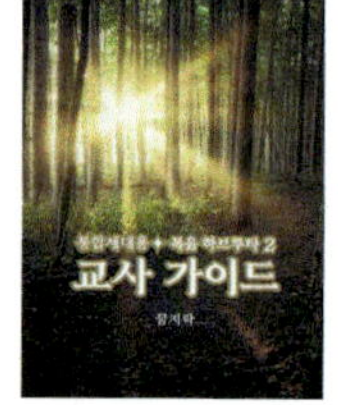

어린이를 위한 복음 하브루타 공과

 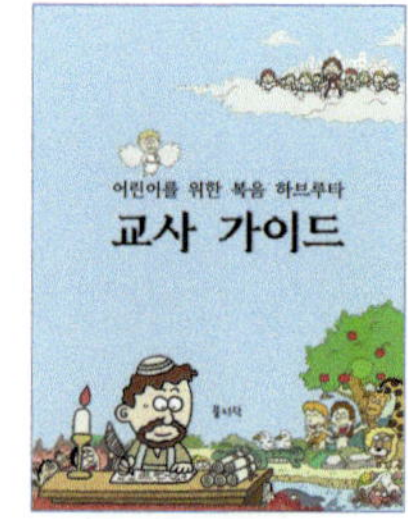